MANUEL AGRICOLE
ÉLÉMENTAIRE
SPÉCIAL A L'ALGÉRIE

DESTINÉ AUX ÉCOLES PRIMAIRES DE CETTE COLONIE
ET AUX IMMIGRANTS

Par J. ANTOINE

ANCIEN ÉLÈVE DE L'ÉCOLE NORMALE DE MIRECOURT (VOSGES),
DIPLOMÉ POUR L'ENSEIGNEMENT DE L'AGRICULTURE,
MAITRE DE PENSION
ET MEMBRE DU CONSEIL MUNICIPAL D'ORAN (ALGÉRIE)
Officier d'académie

Suivi de

NOTIONS SUR L'ÉCONOMIE DU BÉTAIL ALGÉRIEN

ET

SUR LA MÉDECINE VÉTÉRINAIRE

Par **P. BREMOND**
Chevalier de l'ordre du Mérite agricole

L'agriculture nourrit l'homme et enrichit un pays.
La guerre détruit l'un et ruine l'autre.

J. A.

ORAN
IMPRIMERIE HEINTZ, ARTUS ET Cie, ÉDITEURS
Boulevard Malakoff, 16

AVIS DES ÉDITEURS

La forme toute nouvelle de ce cours étant la propriété de l'auteur, nous poursuivrons, comme contrefaçon, tout ouvrage qui pourrait la reproduire ou l'imiter.

HEINTZ, ARTUS, et Cie

PRÉFACE

Dans les campagnes, on s'imagine généralement que les gens des villes éprouvent plus de bien-être que ceux qui travaillent la terre.

C'est une grave erreur qu'il importe de combattre, pour conserver les laboureurs à leurs champs.

Dans les villes, en effet, c'est l'étiquette, souvent le souci, le manque d'air pur; toutes choses qui ne conviennent guère à la santé.

La vie champêtre, au contraire, c'est la liberté, le sans-gêne, le grand air : c'est, en un mot, la santé; et l'on sait si la santé contribue au bonheur.

Aussi, mettez en présence un enfant de village et un enfant de ville; voyez et concluez.

Mais pour qu'un travail plaise, soit attrayant, soit fait avec intelligence et rapporte son fruit, il faut le bien connaître. Une besogne bien connue, bien comprise, est allégée de moitié.

Combattons surtout la routine, cette plaie au travail, cette ennemie acharnée du progrès.

Nous allons donc, dans ce sens, donner, sur l'*Agriculture* proprement dite, quelques renseignements qui pourront, croyons-nous, servir utilement aux enfants de nos villages algériens, à nos futurs colons.

Ces renseignements sont suivis d'autres très-élémentaires sur l'*Horticulture;* car il faut qu'un colon sache au moins planter, tailler et greffer un arbre.

Suivent encore des notions sur l'*Économie du bétail algérien* et sur la *Médecine vétérinaire*, notions qui nous ont été entièrement et gracieusement fournies par un vétérinaire, l'honorable M. Bremond, dont la compétence sur la matière ne saurait être mise en doute.

Nous avons cru devoir donner à la question de la *Vigne* un peu plus d'extension que ne le comporte notre cadre, ce végétal étant appelé, par son importance, à jouer un grand rôle dans la fortune prochaine de l'Algérie.

Enfin, nous avons ajouté un *Calendrier agricole* spécial à notre colonie, dans le but de guider les commençants.

A l'exception du Calendrier, qui n'est qu'une suite de noms, notre petit ouvrage, pour être plus à la portée des enfants, est disposé par demandes et par réponses, dans un style qui sera facilement compris par de jeunes intelligences.

Viendront ensuite des traités complets.

D'ailleurs, nous n'avons eu nullement la prétention, ni l'intention de faire de la science. Notre but n'eût pas été atteint.

Nous rappelant les excellentes leçons théoriques et pratiques d'agriculture qui nous ont été données durant notre séjour de trois années à l'École normale de Mirecourt;

Aidé, en outre, des conseils de praticiens d'Oran ou des environs, expérimentés, éclairés autant que modestes, puisqu'il nous a fallu leur promettre de taire leurs noms, et que nous avons dû nous contenter de les remercier ;

Nous avons fait tous nos efforts pour rendre notre *ouvrage*, bien que fort élémentaire, aussi complet que possible en son genre.

Et, nous souvenant de cette maxime si vraie : *Le sol, c'est la patrie; améliorer l'un, c'est servir l'autre* (1), nous serons des plus heureux si notre travail peut être de quelque utilité à nos enfants algériens, à notre chère Algérie elle-même, dont les ressources, au point de vue agricole, sont inépuisables.

Oran, ce 15 septembre 1877.

ANTOINE,

MAÎTRE DE PENSION,

Ancien élève de l'École normale de Mirecourt (Vosges),

Membre du Conseil municipal d'Oran.

(1) Ecole de Grignon.

Division du cours du Manuel agricole

Extrait de la lettre de M. LE PRÉFET *d'Oran adressée à* M. ANTOINE *au sujet de son* MANUEL AGRICOLE ÉLÉMENTAIRE, *après appréciation de la Commission scientifique nommée par* M. LE GOUVERNEUR GÉNÉRAL *pour examiner cet ouvrage :*

ALGÉRIE

PRÉFECTURE D'ORAN

2e BUREAU

No 7556

OBJET DU DOSSIER
Colonisation

EXPOSITION UNIVERSELLE

Oran, le 20 juillet 1878.

Monsieur,

J'ai l'honneur de vous faire connaître que, par décision du 10 juillet courant, M. le Gouverneur général de l'Algérie a bien voulu souscrire, sur le budget d'encouragements à l'agriculture, à **100** exemplaires de l'ouvrage dont vous êtes l'auteur et intitulé : *Manuel agricole élémentaire destiné aux écoles primaires d'Algérie et aux immigrants,* pensant, avec la Commission scientifique, qu'il y avait un intérêt réel à en favoriser la publication. . . . .
. . . .

Je vous renvoie ci-joint votre manuscrit, afin que vous puissiez le faire imprimer et le faire figurer à l'Exposition universelle.

Recevez, Monsieur, l'assurance de ma considération distinguée.

Pour le Préfet en congé :

Le Secrétaire général,

H. LE GENISSEL.

MANUEL D'AGRICULTURE

SPÉCIAL A L'ALGÉRIE

NOTIONS PRÉLIMINAIRES

Principes généraux

Qu'est-ce que l'Agriculture ?

L'agriculture est l'art de cultiver les champs de façon à en retirer avec le plus de bénéfice possible et sans, pour cela, trop nuire à la fécondité du sol, les substances utiles ou indispensables à la société.

L'agriculture comprend aussi l'art de multiplier les animaux qui nous sont nécessaires.

Qu'est-ce que l'agronomie ?

C'est la science de l'agriculture, ou l'agriculture théorique, tandis que l'agriculture proprement dite, c'est l'application des principes fournis par l'agronomie.

Qu'est-ce que la sylviculture ?

C'est l'art de cultiver ou d'entretenir les forêts.

Qu'est-ce que la viticulture ?

C'est l'art de cultiver la vigne.

Importance de l'agriculture

L'Agriculture est-elle importante ?

Oui, puisque c'est de la terre que l'on tire les substances nécessaires aux hommes ou aux animaux.

Ne trouve-t-on pas des peuplades qui ne s'occupent point de l'agriculture ?

Oui, il y en a qui vivent de chasse et de pêche; mais pour les sociétés nombreuses et civilisées, ces ressources sont insuffisantes sous le rapport de la nourriture, des vêtements, etc.

Doit-on apprendre l'agriculture théorique ?

Oui, en agriculture, comme en tous arts, la théorie doit toujours précéder la pratique, sinon aller de pair avec elle.

Pourquoi ?

Parce que la théorie, ou l'étude par principes, donne au travailleur la raison de ses opérations; il ne fait rien au hasard; c'est là, en un mot, le seul moyen de faire progresser l'art agricole.

Notions de physique élémentaire indispensables à tous les agriculteurs

Qu'appelle-t-on agents naturels ou physiques ?

Ce sont la chaleur, la lumière, l'électricité, l'eau, l'air, les météores.

CHALEUR

Qu'est-ce que la chaleur ?

C'est l'effet produit par un fluide impondérable qui pénètre tous les corps et que l'on appelle aussi calorique.

Quand dit-on qu'un corps est chaud ou froid ?

On dit qu'un corps est chaud lorsqu'il contient plus ou moins de calorique; et qu'il est froid lorsqu'il en contient peu.

Le calorique dilate les corps et sa diminution les resserre.

Les corps absorbent donc la chaleur ?

Oui, selon leur nature, leur couleur et leur forme.

Donnez des exemples ?

Un corps de couleur noire ou à surface rugueuse ou un métal absorbe plus de calorique qu'un morceau de bois ou qu'un corps poli ou blanc.

THERMOMÈTRE

Au moyen de quel instrument mesure-t-on la chaleur ou température d'un corps ?

Au moyen d'un thermomètre.

Qu'est-ce qu'un thermomètre ?

C'est un petit instrument fort simple, qui se compose d'un tube de verre de 0m25 de longueur environ, fermé à chacune de ses extrémités, contenant du mercure ou de l'alcool, à peu près au 1/3 de sa hauteur. Ce tube est placé sur une planchette graduée et dont la vue seule indique le degré de température.

LUMIÈRE

Qu'est-ce que la lumière ?

C'est un fluide qui, répandu sur les objets, nous les fait apercevoir.

D'où vient la lumière ?

Du soleil.

PROPRIÉTÉS DE LA LUMIÈRE

Qu'arrive-t-il lorsque la lumière tombe sur un corps?

Lorsque la lumière tombe sur un corps, elle est réfléchie en partie si elle tombe obliquement ou que le corps soit lisse ou opaque; elle le traverse s'il est transparent.

A quoi sert la lumière ?

Elle réjouit les animaux et vivifie les plantes.

La lumière est-elle indispensable aux êtres animés ?

Oui, sans lumière les animaux et les plantes dépérissent rapidement et finissent par mourir.

DE L'ÉLECTRICITÉ

Qu'est-ce que l'électricité ?

C'est, comme le calorique et la lumière, un fluide répandu dans tous les corps de la nature ; mais dont les propriétés sont fort remarquables.

A quoi sert l'électricité ?

Elle contribue puissamment à la formation de la grêle et des orages; elle produit l'éclair dont le bruit est le tonnerre.

Au point de vue de l'agriculture ?

On a remarqué que quand un ciel est orageux les plantes croissent plus rapidement.

La foudre a-t-elle une grande force ?

Oui ; la force de la poudre est loin de lui être comparable.

Elle tombe principalement sur les points élevés.

Comment peut-on préserver les édifices de la foudre ?

Au moyen du paratonnerre.

Qu'est-ce que le paratonnerre ?

C'est un appareil très-simple, composé d'une tige de fer d'au moins huit mètres, terminée à sa partie supérieure par une pointe de platine, métal qui résiste à la foudre à cause de sa grande dureté.

Cette tige communique à sa partie inférieure avec le sol ou avec l'eau d'un puits. On isole la tige entière de l'édifice, pour que celui-ci soit préservé de la décharge électrique.

Pendant les orages, quelles précautions doit-on prendre ?

Il faut s'éloigner des points élevés, éviter les courants d'air ?

DE L'EAU

Qu'est-ce que l'eau ?

C'est un liquide incolore, inodore, sans saveur, qui sert d'aliment aux animaux et aux végétaux; c'est le liquide le plus répandu sur notre globe.

Combien y a-t-il de sortes d'eaux ?

Il y a trois sortes d'eaux : l'eau salée, l'eau douce et l'eau minérale.

L'eau ne se présente-t-elle pas sous différents états ?

Oui; l'eau peut être liquide (naturelle), solide (glace) ou réduite à l'état gazeux (vapeur).

Qu'est-ce que la rosée ?

Ce sont des gouttes d'eau provenant de la vapeur condensée par le froid des nuits.

Qu'est-ce que le brouillard ?

C'est de la vapeur d'eau répandue dans l'atmosphère à une petite hauteur, ce qui rend l'air humide.

Qu'est-ce que le nuage ?

C'est de la vapeur d'eau plus élevée que le brouillard qui se transforme en pluie en se condensant par l'action du froid.

Qu'est-ce que la neige ?

C'est de l'eau qui tombe en flocons quand la vapeur passe subitement à l'état de glace.

A quoi sert la neige ?

La neige étant un mauvais conducteur de la chaleur, protége les végétaux et conserve le calorique à la terre pendant l'hiver.

GRÊLE

Qu'est-ce que la grêle ?

La grêle est aussi formée par le refroidissement

des vapeurs, que l'électricité tient suspendue jusqu'à ce que les grains soient assez pesants pour tomber. La grêle est à redouter pour les agriculteurs.

DE L'AIR

Q'uest-ce que l'air ?

C'est un corps gazeux que nous ne voyons pas, mais que nous sentons lorsqu'il fait du vent, qui n'est qu'un courant d'air déplacé.

Il forme autour de la terre une couche de 7 ou 8 myriamètres d'épaisseur : c'est ce que l'on appelle atmosphère.

Quel est son usage ?

L'air est indispensable aux animaux et aux plantes qui y puisent des éléments nutritifs.

DEUXIÈME PARTIE

Personnel agricole

Quelles sont les qualités d'un bon maître ?

Le maître doit être équitable, humain, instruit, actif, économe et avoir de l'ordre.

Quelles sont celles d'un domestique ?

La fidélité, le respect et l'obéissance.

TROISIÈME PARTIE

Qu'est-ce que le sol ?

Le sol, en agriculture, est la première couche de terre dans laquelle sont fixées les plantes. On l'appelle terre végétale, cultivable, arable ou labourable.

De quoi se compose le sol?

Le sol se compose de débris végétaux et animaux ou organiques mêlés aux terres minérales ou inorganiques en différentes proportions.

Qu'est-ce que les débris animaux?

Ce sont les dépouilles des animaux, comme le sang, les os, la chair, le poil, les plumes, etc.

Qu'est-ce que les débris végétaux?

Ce sont les feuilles qui tombent des arbres, les racines qui pourrissent, le chaume des blés, la paille, etc.

Ces débris forment le terreau ou humus.

Qu'est-ce que les débris minéraux?

Ce sont des parcelles de roche détachées lentement et pulvérisées par l'action de l'air, de la lumière des eaux, des gelées et des labours.

Quelles sont les substances minérales que l'on rencontre le plus dans les terres végétales?

Ce sont : le sable, l'argile ou terre glaise et la chaux.

C'est pourquoi on divise les terres en *sableuses* ou *siliceuses*, en *argileuses* et en *calcaires*.

A quoi servent ces substances minérales?

Par l'action de la végétation, elles retournent de nouveau dans la constitution des végétaux et par ceux-ci, dans celle des animaux ; en outre, elles servent de point d'appui aux plantes et comme de réservoir pour l'air et l'eau.

Comment classe-t-on les terres végétales?

Sous le rapport de leur fertilité naturelle, ces terres sont classées en terrains d'alluvion, ou formées par le séjour de l'eau; ils contiennent un mélange de débris organiques et inorganiques ;

En terres franches ou fortes où domine l'argile ;

En terres légères où domine le sable ;

En terres froides, où l'argile est presque pure;

En terres brûlantes, où dominent la chaux et le sable.

En terres tourbeuses, où domine un excès de débris végétaux.

Ces différentes terres étant mélangées dans des proportions convenables fournissent d'excellents résultats.

SOUS-SOL

Qu'est-ce que le sous-sol?

C'est la couche de terre, de pierres et de roches sur laquelle repose immédiatement la terre végétale.

Comment classe-t-on le sous-sol?

Comme les sols arables.

La bonté du sol dépend-elle de la nature du sous-sol?

Il est évident que sous un sol argileux il est bon que le sous-sol soit sablonneux, car ce dernier laissera écouler l'eau surabondante qui ferait pourrir la racine des plantes.

En outre, par la culture, ce sable mélangé à l'argile en diminue la capacité.

QUATRIÈME PARTIE

Amendements ou engrais minéraux

Qu'est-ce que les amendements?

Par amendements, on entend les substances qui améliorent la nature de la terre.

Donnez des exemples?

Si une terre est trop argileuse on y ajoute du sable

pour la diviser; en y ajoutant de la chaux on en augmente la propriété fertilisante.

Quels sont les principaux amendements?

Ce sont: l'argile, le sable, la chaux, les cendres lessivées, les marnes, etc.

Qu'est-ce que la marne?

C'est un mélange de sable, de chaux et d'argile.

ACTION DE LA CHAUX ET DE LA MARNE

Quelle est l'action de la chaux et de la marne sur la terre végétale?

Ces deux amendements agissent sur les substances inorganiques, sur l'air, sur l'eau, sur les substances organiques du sol.

La chaux détruit, en outre, les larves d'insectes nuisibles et les insectes eux-mêmes.

Dans quelle terre emploie-t-on utilement la chaux ou les débris de murs.

Dans les terres neuves surtout.

Comment reconnait-on la présence de la chaux dans un terrain?

On prend une poignée de cette terre, on la fait sécher, puis on jette dessus du vinaigre. Il se produit alors une effervescence ou bouillonnement d'autant plus fort que la quantité ou proportion de chaux est plus grande.

S'il n'y a pas de chaux, l'effervescence n'a pas lieu.

Comment emploie-t-on la chaux et la marne?

En poudre qu'on répand sur le sol pour l'enterrer par le labour.

Comment se nomme l'action d'amender par la chaux et la marne?

Chauler, si l'on emploie la chaux, et *marner* si l'on emploie la marne.

L'emploi de ces deux amendements dispense-t-il de l'engrais?

Au contraire, il faut alors beaucoup d'engrais, parce que la chaux et la marne hâtent la décomposition des substances organiques.

STIMULANTS

Qu'est-ce que les stimulants?

Ce sont des matières qui agissent sur les plantes, dont ils excitent la croissance, plutôt que sur le sol.

Quel est le stimulant le plus important?

Le plâtre. Il agit surtout sur les prairies artificielles, telles que trèfle, luzerne.

Des expériences ont été faites, qui démontrent parfaitement et d'une manière indubitable, l'action avantageuse de ce sel sur les plantes.

Dans quel sol, surtout, le plâtre agit-il le plus efficacement?

Dans les terrains pauvres de chaux.

Les cendres sont-elles un bon stimulant?

Oui, toutes les cendres, et surtout les cendres lessivées.

Engrais

Qu'est-ce qu'un engrais?

C'est une matière organique dont la présence dans le sol favorise le développement des plantes.

Connaissez-vous plusieurs espèces d'engrais?

Oui, les engrais *animaux*, *végétaux* et *mixtes*.

Donnez un exemple de chacun de ces engrais?

Engrais animaux : le sang, la chair, le poil, etc.
— végétaux : la paille, le fourrage vert enfoui,
— mixtes : le fumier qui contient des végétaux et des déjections animales.

Engrais animaux

Quels sont les meilleurs engrais?

Ce sont les engrais animaux, parce qu'ils contiennent en grande quantité les substances dont se nourrissent et se composent les plantes.

Engrais végétaux

Quels sont les meilleurs engrais végétaux?

Ce sont : le fourrage enfoui en vert, les herbes, les tourbes, les marcs, les tourteaux, les résidus de brasserie, de tannerie, la suie, les varechs, les feuilles de palmier nain, etc.

Engrais mixtes

Quels sont les meilleurs engrais mixtes?

Ce sont: le fumier, les matières fécales, les boues des rues, des berges de route.

Quel est le meilleur fumier?

Après le fumier des carnivores, le meilleur est celui de paille, de blé, de seigle.

Comment divise-t-on les fumiers?

En *fumiers chauds* ou *froids, longs* ou *courts*, dont le nom seul indique l'usage qu'on doit en faire, c'est-à-dire à quelle espèce de terre il faut les donner.

Doit-on laisser séjourner le fumier sur la terre?

Non, il est indispensable de l'enterrer immédiatement, pour empêcher l'action de l'air, qui lui enlève rapidement ses qualités nutritives.

Que faut-il faire lorsque le fumier s'échauffe?

Il faut verser de l'eau dessus, ou mieux encore, du purin, et l'utiliser le plus tôt possible.

N'y a-t-il pas une substance qu'il est quelquefois bon de mêler au fumier?

Oui, le plâtre, à cause de l'acide sulfurique contenu

dans cette matière, lequel se combine avec les gaz du fumier et qui en forme des sels se transmettant aux plantes.

Classez par ordre de mérite les différents fumiers que vous connaissez.

Le fumier de mouton, de cheval, de bœuf, de porc.

Conservation du fumier

Comment, dans le cas où l'on ne pourrait employer immédiatement le fumier, le conserve-t-on ?

En Algérie, où la température est élevée, surtout en été, il est bon, au point de vue sanitaire, d'utiliser le fumier aussitôt qu'on le peut. Néanmoins, s'il n'est pas possible de s'en servir aussitôt qu'il est produit ; voici comment on opère pour le conserver.

Autant qu'on le pourra, le placer au Nord et à une certaine distance de l'habitation, à l'ombre de quelques arbres, sur une aire creusée insensiblement et ayant une pente vers une de ses extrémités ; empêcher, par une bordure en terre, l'eau des pluies d'y arriver.

Le purin et les urines des animaux se rendront dans une fosse en maçonnerie, à l'extrémité inférieure de l'aire. Avec ce purin, on arrosera de temps en temps le fumier, pour l'empêcher de se moisir.

Le fumier a donc une bien grande valeur en agriculture ?

Oui ; car il rend à la terre l'équivalent de ce qui lui a été enlevé par la végétation des plantes.

Y a-t-il encore d'autres engrais ?

Oui; le parcage, la colombine, la poudrette, le purin, les composts, les boues des rues, le guano; enfin toute matière végétale, puisque toute matière végétale se décompose lorsqu'elle ne vit plus.

Qu'est-ce que le parcage ?

Le parcage consiste à faire séjourner des animaux sur le terrain qu'on veut fumer. Ce mode d'engrais est bon surtout pour les terres légères et en général pour toutes les terres fatiguées ou épuisées.

Qu'est-ce que la colombine ?

C'est la fiente des pigeons, séchée et réduite en poudre.

Qu'est-ce que la poudrette ?

C'est de la matière fécale, aussi réduite en poudre, et à laquelle on a mêlé une certaine quantité d'eau pour en faire un arrosage.

Qu'est-ce que le purin ?

C'est l'urine fermentée des animaux, qu'on recueille à côté des amas de fumier. On s'en sert surtout, mélangée avec 3 fois son volume d'eau pour l'arrosage des prairies naturelles ou artificielles.

Qu'est-ce que les composts ?

C'est un mélange de terres avec du fumier. Les boues des fossés forment un compost.

Qu'est-ce que le guano ?

C'est un engrais animal composé d'excréments, de plumes, d'ossements d'oiseaux, accumulés depuis des siècles dans certaines parties de l'Amérique du Sud.

Connaissez-vous encore quelques autres engrais ?

Oui, les eaux grasses de cuisine, et celles de lessive.

Est-il bien important de connaître la nature des engrais ?

Oui, parce que chaque nature de terre et chaque plante demandent un engrais particulier.

CINQUIÈME PARTIE

Labours

Qu'est-ce que le labour?

On appelle labour, le travail qui consiste à ameublir le sol en le remuant et surtout en le retournant pour le mettre en état de recevoir les semences ou les plantations.

Quelle est l'action des labours sur le sol?

Ils agissent de la manière suivante :

1° Ils détruisent les mauvaises herbes en les enfouissant ou en les arrachant ;

2° Ils opèrent le mélange des amendements, des engrais avec la terre végétale ;

3° Ils facilitent l'extension des racines ;

4° Ils rendent la terre perméable à l'eau des pluies ;

5° Enfin, ils la fertilisent en la mettant en contact avec l'air.

INSTRUMENTS DE LABOUR

Comment se font les labours?

A bras d'homme où à l'aide d'instruments traînés par les animaux.

Quand les labours se font-ils à bras d'homme et au moyen de quels instruments?

Dans la petite culture, ou culture des jardins, au moyen de la bêche, de la pioche, de la houe à main, pleine ou à dents.

Quand les labours se font-ils à l'aide de machines?

Dans la grande culture ou culture des champs.

De quels instruments se sert-on pour cette culture?

De la *charrue*, de la *herse*, du *rouleau*, de la *rite*, de *l'extirpateur*, du *scarificateur*, du *buttoir*, de la *faucheuse*, et de la *moissonneuse*.

Combien existe-t-il de sortes de charrues ?

Il y en a de plusieurs sortes qu'on peut réduire à deux espèces : la charrue à *avant-train* ou *composée* et la charrue *sans avant-train* ou *simple*.

Quelles sont les meilleures charrues ?

Une charrue est rarement mauvaise lorsqu'elle est bien dirigée.

Comment reconnaît-on une bonne charrue ?

Une charrue est bonne lorsqu'elle exige peu de force pour la tirer, qu'elle est facile à tenir à la main et qu'elle retourne bien la terre.— Les sillons doivent toujours être réguliers.

Qu'est-ce que la charrue-taupe ?

C'est une charrue à sous-sol, sans versoir et qui sert simplement à remuer le sous-sol. Elle suit la charrue ordinaire.

Dites ce que sont les instruments aratoires que vous avez cités plus haut ?

Qu'est-ce que la herse ?

C'est un instrument de forme triangulaire, carrée, en losange etc, muni de dents plus ou moins longues pointues, de bois ou de fer, et destiné à ameublir la terre après les labours, à enterrer les semences et à niveler le sol.

Qu'est-ce que le rouleau ?

C'est un cylindre plus ou moins lourd, uni ou armé de pointes de fer, destiné à égaliser la surface du sol avant les semailles dans les terres fortes, et après les semailles dans les terres légères.

Qu'est-ce que la rite ?

C'est une espèce de charrue sans versoir, armée d'un long couteau fixé horizontalement à droite, un peu incliné en arrière et formant suite à la lame du soc.

Quel est le rôle de cet instrument ?

Il ameublit la terre, déracine les mauvaises herbes et enterre bien les semences.

Qu'est-ce que l'extirpateur ?

C'est un instrument composé de plusieurs socs triangulaires, remuant la terre à une petite profondeur, la soulevant et la divisant sans la retourner.
Il sert aussi ponr détruire les mauvaises herbes et enterrer la semence ?

Qu'est-ce que le scarificateur ?

C'est une sorte d'extirpateur, dans lequel les socs sont remplacés par des coutres droits ou recourbés. On s'en sert pour les défrichements. Il précède la charrue et coupe les racines, brise les mottes et enterre aussi la semence.

Qu'est-ce que le buttoir ?

C'est une espèce de charrue sans avant train, à oreille ou versoir court, qui sert à butter ou à amasser de la terre au pied de certaines plantes.

Qu'est-ce que la faucheuse ?

C'est un instrument mû par des animaux, qui sert à couper très-rapidement l'herbe des prairies naturelles ou artificielles.

Qu'est-ce que la moissonneuse ?

C'est un instrument analogue à la faucheuse, qui sert à couper rapidement les céréales.

Qu'est-ce que la faneuse ?

C'est un instrument dont on se sert pour retourner et faire rapidement sécher l'herbe dont on veut obtenir du fourrage sec.

DES LABOURS DE DÉFONCEMENT

Qu'est-ce qu'un labour de défoncement ?

C'est un labour assez profond pour entamer le sous-sol.

A quoi sert-il ?

Il améliore la terre arable en lui donnant plus de profondeur, détruit les mauvaises herbes dont les racines sont profondes.

Dans le cas de défoncement, il ne faut pas ménager les engrais, le sous-sol étant nécessairement une terre neuve.

DES LABOURS ORDINAIRES

Qu'entendez-vous par labours ordinaires ?

Ce sont ceux qui n'attaquent pas le sous-sol.

Que faut-il pour obtenir de bons labours ?

Il est indispensable que la charrue soit bien réglée pour celle à avant-train et qu'elle soit entre bonnes mains pour celle sans avant-train, autrement dit qu'elle creuse à une profondeur et à une largeur régulières.

PROFONDEUR DES LABOURS

De quoi dépend la profondeur du labour ?

Elle dépend de la nature du terrain et de celle des plantes qu'on veut y mettre.

Il est évident que quand le sous-sol n'est pas propre à améliorer le sol arable, il faut bien se garder d'y toucher.

Dans le cas de plusieurs labours successifs, le premier doit toujours être le plus profond, les suivants achevant l'ameublissement.

Dans le cas de petite semence, labourer peu profondément, afin que la graine soit peu enterrée.

Le labour est dit *superficiel* quand il a 10 à 15 cent. de profondeur, et profond, quand il dépasse cette limite.

LARGEUR DE LA BANDE

Quelle doit être la largeur de la bande de terre ?

Elle doit être d'autant plus étroite que la terre est plus forte. Toutefois, les plus étroites sont les meilleures; environ 18 cent. pour les terres fortes et de 22 à 25 cent. pour les terres légères.

POSITION DE LA BANDE

Quelle doit être la position de la bande ?

Il faut que le versoir ou oreille de la charrue soit fait de façon que la bande de terre soit inclinée sur la bande voisine. Cette position facilite le contact de la terre avec l'atmosphère.

DIRECTION DES SILLONS

Quelle est la direction à donner aux sillons ?

Les sillons doivent suivre la direction de la pente du terrain pour faciliter l'écoulement des eaux; excepté dans le cas où cet écoulement entraînerait les terres.

Quelquefois, on laboure dans un sens oblique, mais le plus souvent en travers de la pente.

NOMBRE DE LABOURS

Doit-on donner de nombreux labours à la terre ?

Oui; toutefois, ce nombre de labours est subordonné à la nature de la terre, à son état de propreté et à la nature des plantes à y placer.

Les terrains sablonneux doivent être moins labourés que les terrains argileux.

MOMENT DES LABOURS

Quel est le moment des labours ?

Si la terre est légère, on peut labourer en tout

temps ; si elle est argileuse, il faut attendre les pluies.

SIXIÈME PARTIE

Des semailles en général

Qu'est-ce que les semailles?

Les semailles consistent dans la distribution des semences sur le sol.

Les semailles sont-elles une opération importante?
Oui; car de l'époque des semailles et de la bonne qualité des semences dépend la bonne récolte.

Quels sont les agents de la germination?

Ce sont l'air, la chaleur et l'humidité.

CHOIX DE LA SEMENCE

Quel choix faut-il faire de la semence en général?

Il faut choisir de la semence bien sèche et qui soit arrivée en maturité parfaite.

Ne pas oublier de prendre de la semence très-propre, c'est-à-dire qui ne contienne aucune semence de plante étrangère.

ÉPOQUE DES SEMAILLES

L'époque des semailles est subordonnée au climat, à la nature du sol et des plantes.

Un temps calme, modèrement sec ou un peu humide est celui qui convient le mieux pour semer.

En Algérie, les plantes pourront généralement supporter l'hiver, dont la température reste assez élevée dans certaines régions.

Quant à l'époque la plus généralement suivie pour

les semailles en Algérie, consulter notre calendrier agricole, qui fait suite à ce manuel.

PROFONDEUR DE L'ENSEMENCEMENT

Quelle est la profondeur de l'ensemencement?

La profondeur dépend de la nature du sol, des semences et de l'époque de l'ensemencement.

Il est évident que dans les terres fortes, pour les graines fines, la semence doit être presque superficielle.

Dans tous les cas, il est indispensable que, sans être privée de l'action de la lumière, de l'air et de chaleur, la plante tienne bien au sol.

Quantité de semences

De quoi dépend la quantité de semence à employer?

Aussi du sol, de l'époque de l'ensemencement et de la température.

Il va sans dire, en effet, que dans un terrain reposé, fumé, bien cultivé, il faut moins de semence que dans une terre épuisée.

On s'en rapportera à ce sujet, quant à la quantité exacte, aux conseils d'agriculteurs expérimentés; d'ailleurs, nous en dirons un mot plus loin.

De quelle façon sème-t-on?

A la volée ou en lignes.

N'y a-t-il pas des instruments pour abréger le travail d'ensemencement.

Oui; on se sert d'instruments particuliers appelés semoirs. Ils répandent plus régulièrement qu'on ne peut le faire à la main.

PROCÉDÉS POUR RECOUVRIR LA SEMENCE

Comment recouvre-t-on les semences?

Pour les semences fines on emploie le rouleau, un paquet d'épines ou le passage de troupeaux de moutons.

Et pour les grains tels que les céréales, on se sert de l'extirpateur, de la rite ou de la herse, selon le cas.

REPIQUAGE

En quoi consiste le repiquage?

A planter des végétaux déjà forts, provenant généralement de pépinières.

SEPTIÈME PARTIE

Des plantes en général

Qu'est-ce qu'une plante?

C'est un être vivant, ayant des organes au moyen desquels il se nourrit, respiré, se développe et se reproduit.

Quels sont les organes des plantes?

Ce sont les *racines*, la *tige*, les *feuilles* et les *fleurs*. Les branches ne sont que des prolongements ou ramifications de la tige.

Quel rôle jouent les racines et les feuilles?

Les racines puisent, dans le sol, les sucs, et les feuilles, dans l'air, les gaz nécessaires à leur nourriture. En outre, les feuilles rejettent au dehors les parties inutiles de la sève.

Qu'est-ce que la tige?

C'est la partie de la plante qui sort de terre et qui porte les feuilles, les fleurs, puis les fruits.
Elle contient des vaisseaux qui servent à préparer et à faire circuler la sève, liquide incolore qui est aux plantes ce que le sang est aux animaux.

La tige porte différents noms selon sa forme ;
Celle de l'arbre, s'appelle *tronc*.
Celle du blé s'appelle *chaume*, etc. etc.

A quoi servent les fleurs ?

A produire les germes de nouvelles plantes semblables.

Comment nomme-t-on encore les organes des plantes ?

Les racines sont les organes de la nutrition, la tige, ceux de la circulation, et les fleurs, ceux de la reproduction.

REPRODUCTION DES VÉGÉTAUX

De combien de façon peut-on opérer le renouvellement des plantes ?

La reproduction des plantes se fait *naturellement* pour tous les végétaux qui viennent sans le secours de l'homme, au moyen de rejetons qui produisent les racines.

Elle se fait artificiellement pour tous les végétaux cultivés, par le semis des graines qui en proviennent par boutures ou par greffes.

DES RÉCOLTES EN GÉNÉRAL

Que faut-il observer relativement à la récolte des plantes ?

En général, les plantes dont les graines sont destinées à servir de semence, doivent être récoltées en pleine maturité ; les plantes fourragères ou artificielles, au cours de la floraison, parce qu'alors, elles conservent tout le suc qui en fait la valeur.

Succession des récoltes. — Assolement. — Alternat Rotation.

Qu'est-ce que l'assolement ?

C'est le temps plus ou moins long pendant lequel certaines plantes se succèdent sur une pièce de terre pour y revenir toujours dans le même ordre.

Les lots, dans le système d'assolements, s'appellent soles.

L'assolement est dit triennal, quadriennal, etc., selon que les mêmes plantes reviennent au même endroit tous les 3 ou 4 ans, etc.

Qu'est-ce que l'alternat?

C'est la succession d'une plante améliorante à une plante épuisante.

Qu'entend-on par l'une et l'autre de ces plantes?

Les plantes améliorantes sont celles qui rendent plus au sol qu'elles ne lui prennent; les plantes épuisantes reçoivent plus du sol qu'elles ne lui rendent.

Exemple d'un assolement quadriennal où l'alternat est observé

1re	année	Pommes de terre	Blé	Blé	Maïs
2e	id.	Blé	Avoine, Orge	Maïs	Pommes de terre
3e	id.	Avoine, Orge	Maïs	Pommes de terre	Blé
4e	id.	Maïs	Pommes de terre	Blé	Avoine, Orge

Qu'est-ce que la rotation?

C'est l'ordre dans lequel se succèdent les plantes sur chaque sole.

Qu'est-ce qu'une récolte dérobée?

C'est celle qui se fait à la suite d'une autre dans la même année.

En Algérie, le cas n'est pas rare; dans les pays froids, cela se voit rarement.

Qu'est-ce que les jachères?

Elles consistent à laisser, tous les 3 ou 4 ans, le terrain complètement en repos.

Est-ce un bon système, que l'emploi des jachères?

Non, car la terre n'a pas besoin de repos, c'est de la matière sans vie.

Il lui faut du fumier qui lui rende ce qu'elle a fourni aux plantes qu'elle vient de nourrir, pourtant dans les grandes cultures; on est force d'y recourir à cause de l'insuffisance de fumier.

Laisser une terre en jachère, a dit un auteur, c'est laisser reposer un homme qui a faim.

PRINCIPES GÉNÉRAUX DES ASSOLEMENTS

Quels sont les principes généraux des assolements?

1° Mettre rarement deux récoltes de grains l'une après l'autre, afin de ne pas laisser aux mauvaises herbes le temps d'envahir le sol.

2° Ne semer une prairie artificielle que sur la céréale qui vient après une plante sarclée et fumée.

3° Revenir, aussi souvent que cela est nécessaire, aux plantes sarclées pour détruire les mauvaises herbes.

4° Enfin, cultiver le plus possible de terres en plantes destinées à la nourriture du bétail, faire consommer ces plantes dans la ferme pour en obtenir beaucoup de fumier.

INFLUENCE DU SOL SUR LES ASSOLEMENTS

En quoi la nature du sol influe-t-elle sur les assolements?

En ce qu'il ne faut confier à chaque terrain que les plantes qui lui conviennent,

Exemples :

Dans les terres *sablonneuses*, *calcaires* ou *crayeuses*, plutôt *sèches* qu'*humides*, *meubles* que *compactes*, *élevées* que *basses*, les plantes qui conviennent le mieux sont :

Le *seigle*, l'*orge*, le *sainfoin*, la *lupuline*, la *lentille*, le *pois-chiche*, le *haricot*, la *rave*, le *navet*, les *pommes de terre* et le *topinambour*.

Dans les terres *argileuses, tenaces* plutôt *humides* que *sèches*, basses qu'élevées, on cultive :

Le *froment*, l'*avoine*, le *trèfle*, la *fève*, le *petit-pois*, la *vesce*, la *gesse*, le *chou* et le *colza*.

Dans les terres qui tiennent le milieu entre ces différentes espèces de sol, on peut cultiver tous les végétaux et particulièrement :

L'*escourgeon* ou *orge hâtive* que l'on coupera en vert pour les bestiaux, le *millet*, le *maïs*, la *luzerne*, le *chanvre*, le *lin*, le *pavot*, la *betterave*, la *carotte*.

INFLUENCES DU CLIMAT SUR LES ASSOLEMENTS

Le climat a-t-il quelque influence sur les assolements?

Oui; car en Algérie où la température est élevée, il est évident qu'on ne saurait cultiver toutes les plantes des pays froids et réciproquement.

AUTRES INFLUENCES

L'assolement n'est-il pas soumis à d'autres influences ?

Oui; dans les systèmes d'assolement, il faudra tenir compte des besoins particuliers de la population, de la consommation, des travaux, etc.

Expliquez-vous par des exemples?

Ici, on fait de la bière; là, on fabrique du sucre; etc. Il faudra donc, selon le cas, semer de l'orge ou de la betterave.

Pour ce qui concerne les travaux, il est évident qu'il faut faire en sorte qu'on ne soit pas trop occupé dans certains moments et inoccupé dans d'autres.

HUITIÈME PARTIE

Irrigations

Qu'est-ce que l'irrigation?

Elle consiste à donner de l'eau aux plantes lorsque la terre est trop sèche.

A quelle époque et en quelle quantité l'eau convient-elle aux différentes espèces de terre que nous avons étudiées?

Cela dépend de la nature de l'eau, de celle du sous-sol, du climat, de l'exposition du terrain et des plantes qu'on y cultive.

L'expérimentation, pour agir sûrement est le meilleur conseiller.

Comment irrigue-t-on en Algérie?

On irrigue au moyen de l'eau que l'on recueille soit de sources, soit de puits, soit de toits, pendant l'hiver.

Qu'elle est la meilleure de ces eaux?

C'est celle qui a été le plus longtemps au contact de l'air et qui aurait traversé des terres contenant des principes qui ne pourraient nuire aux plantes, tels que sels.

En Algérie, nous avons à craindre les eaux saumâtres, qui brûlent les plantes.

De quoi se sert-on pour irriguer les terrains?

On se sert, pour l'arrosage en petit, de l'arrosoir à pomme.

Pour l'arrosage en grand, on creuse des canaux qui dirigent l'eau dans tous les sens sur le sol à irriguer.

On arrose par *irrigation proprement dite* et par *infiltration.*

Quand il n'y a pas de source dans une propriété ou que l'eau de pluie en réserve ne suffirait pas pour l'année, comment se procure-t-on de l'eau ?

On place dans un puits une noria.

Qu'est-ce qu'une noria ?

C'est un appareil destiné à faire monter l'eau de puits, pour la verser soit dans un réservoir, soit directement dans les canaux d'irrigation.

Il y en a de différentes formes.

ASSAINISSEMENT

Qu'entend-on par assainissement ?

C'est le travail qu'on fait pour débarrasser un sol d'une eau nuisible à la fertilité, soit par surabondance, soit par sa mauvaise qualité, soit enfin en se corrompant dans le sol même.

En quoi consistent les travaux d'assainissement ?

Ils consistent dans l'établissement de fossés d'écoulement ou d'un système de drainage.

Quel est le meilleur de ces deux modes ?

Le drainage.

Comment se font les fossés d'écoulement ?

Les fossés d'écoulement, généralement employés en Algérie, et presque abandonnés en France parce qu'ils sont coûteux, imparfaits et peu durables, se font de la façon suivante :

Ce sont des tranchées plus ou moins profondes et larges, dans le fond desquelles on place du menu bois, des pierres concassées, etc., livrant passage à l'eau. Toutes ces tranchées aboutissent à un cours d'eau ou à un réservoir.

DRAINAGE

Qu'est-ce que le drainage ?

Le drainage consiste dans un système particulier

d'écoulement des eaux. Dans ce mode, l'écoulement s'obtient au moyen de conduits placés dans la terre, se rendant dans des conduits principaux appelés *collecteurs*, par lesquels l'eau se rend dans des fossés ou dans des réservoirs.

En quoi sont fabriqués ces conduits ?

Ils sont faits de terre cuite et composés de tuyaux longs de 30 à 35 cent. qu'on place bout à bout et reliés par des colliers de 10 cent. C'est par les joints que pénètre l'eau dans les conduits.

Comment se posent ces conduits ?

Au fond de tranchées de 40 à 50 cent. d'ouverture. La pose terminée, on recouvre ces tuyaux de terre.

En France il y a des machines à vapeur pour poser ces conduits.

A quelle profondeur doit-on poser les tuyaux ?

Les drains doivent être posés sur la couche imperméable du sous-sol. Dans tous les cas, ils doivent être à l'abri des instruments de labour.

Quel espace faut-il donner aux drains?

Si le sous-sol est argileux on les espace de 6 à 8 mètres, s'il est sablonneux, de 15 à 30 mètres.

On reconnait d'ailleurs la nature du sous-sol au moyen de sondages.

Donner les avantages de ce système d'écoulement des eaux ?

Ils est moins coûteux que le système ordinaire, assainit mieux la terre, dure plus longtemps, facilite la circulation de l'air, ameublit bien le sol, enfin, offre tous les avantages des labours profonds et multipliés.

NEUVIÈME PARTIE

Application à l'Algérie des principes généraux de l'agriculture

QUANTITÉ DE TERRAIN NÉCESSAIRE A UN COLON D'ALGÉRIE

Quels sont les colons d'Algérie qui ont le mieux réussi ?

Ce sont ceux qui, dès le début, n'ont reçu ou acheté que de 20 à 30 hectares.

Pourquoi ?

Parce que, avec une petite propriété, on peut tout cultiver et bien cultiver soi-même sans le secours d'étrangers.

Quel est le prix du défrichement par hectare ?

Si les terrains sont couverts de palmiers, le prix varie de 200 à 300 francs.

Si ce sont des broussailles, le prix descend jusqu'à 100 francs, parce que les défricheurs tirent parti du bois en faisant de l'écorce, du bois à brûler, du charbon, du diss, de l'alfa.

BATIMENTS RURAUX

Est-il bon que le colon ait son habitation au milieu de sa propriété ?

Pour le petit colon, il est bon qu'il ait son habition dans le village, parce que, là, il jouira de mille commodités dont il serait privé s'il était seul.

La société avec tous ses avantages : école, fontaines publiques, charron, forgeron, etc, etc.

Et si le colon était à la tête d'une grande culture ?

Il peut habiter sur sa propriété même, parce que l'étendue de son exploitation lui permet de posséder, à lui seul, sinon tous, du moins une grande partie des avantages d'un centre d'habitations.

Les bâtiments pour un petit colon doivent-ils être spacieux ?

Non. Les granges, en Algérie, n'étant pas nécessaires ou indispensables, il suffit au colon que son logement et celui de ses bestiaux remplissent les conditions convenables d'hygiène.

Quelle est l'orientation à donner à son habitation ?

Autant qu'il le pourra, il tournera sa maison vers l'Est.

Dans le cas où il serait forcé de la tourner vers le N. ou N.-O., il faudrait monter les murs de son écurie jusqu'au toit, à cause des vents de cette direction, pernicieux aux bestiaux.

N'y a-t-il pas d'autres dispositions à prendre ?

Oui; il est encore bon que le colon ait à côté de lui un petit jardin potager et un autre fruitier.

Les arbres surtout donnent de la vie à une maison.

Le colon qui commence ne fait-il pas quelquefois une barraque en planches ?

Oui; mais c'est un très-mauvais système; c'est presque aussi coûteux qu'une maison en maçonnerie, c'est peu sain, et, enfin, le feu y a trop de prise.

VOITURES

Quels sont les moyens de transport dont se sert le colon ?

Ce sont la *charrette*, le *chariot*, le *tombereau*.

Quelle est celle de ces trois voitures qui est la plus avantageuse ?

C'est la *charrette*, parce que, au moyen des planches

qui la ferment, elle peut remplacer le tombereau, bien entendu qu'elle devrait être à bascule.

DES BÊTES DE LABOUR, DE TRAIT. — HARNACHEMENT. BÊTES DE SOMME.

De quels animaux se sert-on pour la culture en Algérie ?

On se sert, comme dans le midi de la France, de chevaux, de bœufs, de mulets.

Quels sont, à votre idée, les meilleurs pour les travaux agricoles ?

Le cheval et le mulet sont excellents pour le trait sur un terrain sec ; mais le bœuf, présente plusieurs avantages sur le cheval au point de vue du profit. Le bœuf fait presque autant d'ouvrage que le cheval ; sa nourriture ne coûte que la moitié de celle du premier ; il lui faut moins de soins, moins de dépense, d'achat, de harnachement et d'entretien ; à la suite d'un accident qui le met hors de service, il fait une bête de boucherie. En vieillissant, il augmente de valeur, son fumier est excellent : Toutes qualités que n'a pas le cheval.

Le collier vaut-il mieux que le joug pour l'attelage?

Quoique le bœuf soit gêné par le joug, on prétend que ce dernier genre d'attelage est le meilleur, parce que le bœuf est, dit-on, plus fort de la tête que des épaules.

Néanmoins, quand on le peut, il est bon de se servir du collier à cause des mouches pendant les fortes chaleurs. Toutefois il faut que le collier, comme pour les chevaux, soit léger et bien fait, de façon à ne pas gêner le bœuf, dont les épaules sont assez irrégulières.

Ne se sert-on pas quelquefois de vaches pour la culture.

Oui ; mais il n'y a aucun avantage dans l'emploi des vaches ; car, outre que ces animaux sont moins forts que le bœuf, ils ne sauraient être bonnes bêtes de bétail et bonnes laitières tout à la fois.

Quelles sont les bêtes de somme employées en Algérie?

Le mulet et l'âne.

EMPLOI DU TEMPS

Comment, en Algérie, un colon doit-il régler l'emploi de son temps?

C'est un grand point, pour le colon, de savoir utiliser tout son temps avec intelligence. Il n'aura qu'à se rappeler que « Le temps, c'est de l'argent. »

L'homme sérieux, en effet, trouve toujours de quoi s'occuper.

Quand il fait beau temps, le colon ira aux champs; quand il fait mauvais temps, il a à s'occuper des bestiaux, des harnais, de la réparation de ses voitures, etc.

D'après ce que vous venez de dire, il faut donc que le colon soit sellier, forgeron, etc?

Non; mais il est utile et essentiellement économique pour le colon qu'il sache faire les grosses réparations à ses harnais, à ses voitures, etc.; qu'il soit à même de faire les petites réparations à son habitation, de relever le fer d'un cheval.

On en voit qui ont même chez eux une petite forge, quelques outils de menuisier ou de charon.

Surtout, point capital, que pendant ses soirées d'hiver, il lise et médite quelque traité d'agriculture.

Le colon doit-il tenir une comptabilité ?

Oui; l'agriculture est une sorte de commerce, et la comptabilité est l'âme d'un commerce.

Le petit colon consacrera tous les jours un quart-d'heure au moins à sa comptabilité, qui, d'ailleurs, est fort simple.

Dans les grandes exploitations, la comptabilité, quoique plus compliquée, n'en est pas moins très-facile. Et ainsi, le colon saura ce qu'il fait, ce qu'il a fait et surtout, comme conséquence, ce qu'il doit faire.

PLANTES CULTIVÉES EN ALGÉRIE

Quelles sont les plantes les plus généralement cultivées en Algérie pour l'utilité de l'homme?

Elles se divisent en *céréales* ou *plantes farineuses,* en *plantes fourragères, potagères* ou *sarclées* et *industrielles.*

Les plantes fourragères sont *naturelles* ou *artificielles?*

Quelles sont les plantes fourragères naturelles?

Ce sont les herbes des prairies naturelles, appelées fourrage *naturel,* parce qu'il n'exige presque pas de culture.

ASSAINISSEMENT ET IRRIGATION DES PRAIRIES NATURELLES

Que savez-vous sur l'assainissement et l'irrigation des prairies naturelles?

Nous n'avons qu'à nous reporter à ce qui a été dit à la leçon sur l'assainissement et les irrigations des terres en général.

Nous en dirons autant des amendements et des engrais.

Toutefois, nous ajouterons qu'il faut avoir soin d'enlever les fourmilières et les pierres qui pourraient gèner en fauchant.

PRAIRIES ARTIFICIELLES

Qu'entend-on par prairies artificielles?

C'est ordinairement un champ labouré dans lequel on a semé une plante fourragère devant durer une ou plusieurs années.

Nommez les plus importantes de ces plantes?

La *luzerne*, le *sainfoin*, les *trèfles*, les *vesces*, le *sorgho*, le *maïs*.

A quelle condition obtient-on de bonnes récoltes dans les prairies artificielles?

A la condition d'irriguer; c'est ce qui fait que la luzerne, les trèfles et le sainfoin ne sont pas encore très-répandus en Algérie, bien qu'ils rapportent beaucoup.

Ne peut-on pas mélanger aux vesces et aux pois une petite proportion d'orge ou d'avoine?

Oui; parce que le fourrage est meilleur pour les animaux et que ces dernières plantes servent, en quelque sorte, d'appui aux premières, qui les enlacent.

Est-il important de faire des prairies artificielles?

Oui; parce qu'en agriculture, il est nécessaire d'entretenir beaucoup de bestiaux pour se procurer de l'engrais, et qu'enfin, la paille de blé, quelque bonne qu'elle soit, sera plus goûtée lorsqu'elle contiendra un mélange de fourrage artificiel.

Quelle est la quantité de semence pour un hectare?

En Algérie, de 125 à 150 litres, selon les terres.

A quelle époque doit-on semer?

De la fin d'octobre à fin novembre.

A quelle époque récolte-t-on?

Quand les plantes laissent tomber leurs fleurs, c'est-à-dire au printemps, pour le vert.

Si l'on veut les faire consommer sèches, on les coupe en andains, puis on les laisse sécher au soleil.

Le seigle ne pourrait-il pas être coupé en vert pour fourrage?

Oui; mais on lui préfère l'orge qui est plus hâtive, plus nourrissante et plus abondante.

Comment peut-on employer le maïs sec ?

On ne saurait se servir pour la nourriture des bestiaux que des grains concassés du maïs; mais vertes les feuilles sont une excellente nourriture.

N'y a-t-il pas certaines précautions à prendre pour les bêtes à cornes quand elles mangent du fourrage artificiel vert?

Oui; il y a à craindre la météorisation ou gonflement produit par le dégagement d'une grande quantité de gaz du fourrage dans l'estomac.

Quoique le cas d'enflure soit rare en Algérie, nous verrons néanmoins, plus loin, les précautions à prendre pour l'éviter ou la guérir.

Pourquoi donne-t-on souvent le fourrage vert aux bestiaux ?

Parce que :

1° Il purge les animaux;

2° Cette manière de l'employer exige moins de travaux.

DIXIÈME PARTIE

Des céréales ou plantes farineuses

Qu'appelle-t-on plantes farineuses ?

Ce sont; le *blé* ou *froment*, le *seigle*, l'*orge*, l'*avoine*, le *maïs* ou *blé de Turquie*, le *sarrazin* ou *blé noir* et le *millet* (1).

Comment les appelle-t-on encore ?

Graminées ou céréales.

(1) Jusqu'à ce jour, ces deux dernières plantes ont été fort peu cultivées en Algérie.

BLÉ

Quelles sont en Algérie les deux espèces de froment cultivées?

Le blé dur et le blé tendre.

Comment reconnaît-on le blé dur ou barbu et le blé tendre ou sans barbes?

Le blé dur résiste sous la dent et sa cassure est grise et vitreuse.

Le blé tendre s'écrase facilement et l'intérieur est blanc et farineux.

Quelles sont les terres qui conviennent au blé dur ou commun?

Ce sont les terres argileuses ou fortes, les terres argilo-calcaires ou argilo-sablonneuses.

Quelles terres faut-il au blé tendre?

Des terres légères ou sablonneuses, ce qui démontre l'importance pour un colon de connaître la nature de ses terres.

Qu'est-ce que la tuzelle?

C'est un blé du midi de la France dont la paille est excessivement cassante et qui s'égrène sur pied au moindre choc de ses tiges.

Quel est le blé qui rend le plus?

Le blé dur.

A quelle époque sème-t-on?

En octobre et novembre.

SEIGLE

Quelles sont les variétés de seigle employées par nos colons?

Le seigle ordinaire et le seigle multicaule.

Quels sont les avantages du seigle?

C'est de croître dans presque tous les terrains, à toutes les expositions; enfin, on se sert de sa paille pour faire des liens de gerbes, pour empailler les chaises, pour couvrir les meules de paille et en vert comme excellent fourrage (seigle multicaule).

A quelle époque sème-t-on le seigle?

A la même époque que le blé.

ORGE

Dites les espèces d'orge que vous connaissez?

Une espèce particulière à notre colonie et dont les épis sont presque plats et une autre dont les épis sont carrés, qui vient de Sicile.

Quelle est l'époque des semailles pour l'orge?

La même aussi que pour les blés.

A quoi sert l'orge en Algérie?

A la nourriture des chevaux, tant en grains qu'en vert et à la fabrication de la bière.

Quelles sont les meilleures terres pour l'orge?

En Algérie, toutes les terres sont bonnes. On pense néanmoins que cette plante préfère les terrains argileux.

AVOINE

Y a-t-il plusieurs sortes d'avoines?

Oui; celle d'hiver et celle de printemps.

Quelle est celle qui convient le mieux à l'Algérie?

Celle d'hiver.

L'avoine demande-t-elle une grande culture préparatoire?

Non; un seul labour suffit.

A quoi sert l'avoine?

C'est une excellente nourriture pour les bestiaux, tant en vert qu'en grains.

Sa culture se répand en Algérie.

MAÏS

Y a-t-il beaucoup de variétés de maïs?

On en compte plus de vingt.

Quelles terres préfère le maïs?

Les terres fortes et meubles, c'est-à-dire bien préparées.

Le maïs demande-t-il beaucoup d'engrais?

Oui.

A quelle distance sème-t-on le maïs?

A une distance d'au moins 50 centimètres pour en faciliter la culture.

A quoi sert le maïs?

Ses tiges, vertes, nourrissent les bestiaux, comme nous l'avons vu plus haut ; sèches, elles servent à faire des paillasses de lit ou de la litière aux animaux etc.; le grain, nous l'avons dit aussi, sert de nourriture, bouilli ou concassé, aux porcs, à la volaille. Il est bon de le mêler à du son.

Quelle est la meilleure espèce pour l'Algérie?

Celle à petits grains, parce qu'elle est plus hâtive.

SARRAZIN

Qu'est-ce que le sarrazin?

Le sarrazin ou blé noir, encore peu cultivé en Algérie, est une plante farineuse d'une grande ressource pour les contrées à sols arides et pauvres.

A quoi sert-il?

A la nourriture de l'homme et des animaux.

La culture du sarrazin n'est-elle pas avantageuse sous plusieurs rapports?

Oui ; sa végétation étant de courte durée, on peut le faire suivre d'une autre récolte dans la même année; il sert de fourrage vert et on l'enfouit comme engrais.

Quelle est la terre où il se plaît?

Dans la terre siliceuse.

A quelle époque le sème-t-on et dites la quantité de semence par hectare?

On le sème en février et mars.
Semence: 1/2 hectolitre par hectare.
Rapport moyen : 25 hectolitres par hectare.

MILLET, SORGHO, HARICOTS, POIS

Qu'est-ce que le millet?

C'est une plante à petits grains, dont l'usage et la culture sont à peu près les mêmes que pour le maïs.

Qu'est-ce que le sorgho ?

C'est une graminée qui a beaucoup d'analogie avec le millet, tant le *sorgho à balai* que celui à *sucre.*

La culture de ces deux variétés diffère peu de celle du millet.

La tige sèche du premier sert à faire des balais ; celle du deuxième contient un peu de sucre ; c'est pourquoi on l'appelle *canne à sucre de Chine.*

Nous avons vu plus haut que la culture de ces deux plantes est fort peu répandue en Algérie ; pourtant le pays leur serait très-favorable.

A quoi servent les haricots?

Ils fournissent une nourriture très-substantielle ; mais les nombreux soins qu'exige leur culture empêchera de les admettre dans les grandes exploitations.

Quel est le sol qui convient le mieux aux petits pois?

Ils demandent une terre et une culture semblables à celles qu'exigent les meilleures plantes farineuses. Surtout, ils ne doivent revenir sur le même sol qu'à de longs intervalles.

A quoi sert la paille des haricots et des petits pois?

A nourrir les moutons qui en sont assez friands.

Que savez-vous des pois chiches?

C'est une espèce de pois cultivée en Algérie et fournissant un bon rapport. Il leur faut, comme aux haricots, fèves, pois ordinaires, une bonne terre bien préparée et pourvue d'engrais.

LENTILLES, LUPIN BLANC, FÉVEROLLES

A quel usage servent les lentilles?

A la nourriture de l'homme et à celle des animaux.

Comment les cultive-t-on?

Comme les pois.

Cultive-t-on le lupin blanc en Algérie?

Non, ou du moins très-peu, et pourtant, c'est comme le sarrazin, une plante qui se contente d'un terrain pauvre et qui sert soit comme grains, soit comme fourrage vert, soit enfin comme engrais enfoui dans la terre.

A quoi sert la féverolle?

Comme aliment pour l'homme et de fourrage pour les animaux.

SEMAILLES DES CÉRÉALES EN ALGÉRIE

Quelle est l'époque des semailles en Algérie?

L'automne est la meilleure époque.

Qu'est-ce que le tallage?

C'est le plus ou moins grand nombre de tiges que fournit une seule graine semée.

En Algérie, le tallage s'opère-t-il mieux qu'en France?

Oui; parce que, en général, les terrains sont plus riches ou du moins plus neufs. Il faut en tenir compte aux semailles.

Ne doit-on pas faire subir aux céréales une certaine préparation avant de les semer?

Oui; pour le froment surtout, on le soumet à un chaulage qui stimule et hâte la germination, préserve les semences de la dévastation des fourmis et des limaces en temps pluvieux, détruit les œufs d'insectes attachés à sa surface. Le chaulage est moins nécessaire en Algérie qu'en France.

Comment opère-t-on le chaulage?

En répandant sur la semence de la chaux éteinte étendue d'une forte proportion d'eau.

Quelle est la quantité de semence à employer par hectare?

Cette quantité dépend de l'époque des semailles, de la nature du terrain et de l'espèce de semence.

En Algérie, où le grain talle généralement beaucoup, il faut moins de semence qu'en France.

On emploie ordinairement en moyenne, par hectare, savoir :

Pour les froments : 1 hectolitre ;
Pour l'orge : 1 hectolitre ;
Pour l'avoine : 5/4 d'hectolitre ;
Pour le seigle : 3/4 d'hectolitre ;
Pour le maïs en lignes : 1/5 d'hectolitre ;
Pour le maïs à la volée ; 1 hectolitre.

Remarquons que les céréales semées pour fourrage vert, excepté les froments, demandent une semence plus abondante.

Quelles sont les qualités d'une bonne semence?

Les semences doivent être de 1er choix et surtout d'une grande propreté.

Comment, en Algérie, sème-t-on les céréales?

Comme en France, c'est-à-dire à la volée ou à la main, au semoir traîné par des animaux, ou au plantoir.

Quelle est la meilleure manière?

C'est de semer à la main.

Quelle est la profondeur à donner à la semence?

La profondeur dépend de la nature de la semence, de celle du sol, et de l'époque des semailles.

Ainsi, dans les terres fortes et humides, la semence doit être placée moins profondément que dans les terrains secs et légers.

A la fin des semailles, il faut moins enterrer la semence qu'au commencement.

La profondeur moyenne varie, pour les céréales de 8 à 12 centimètres.

MANIÈRE DE RECOUVRIR LA SEMENCE

Comment couvre-t-on la semence?

Il y a deux manières :

1° Avec la charrue, la rite, le scarificateur lorsqu'on sème avant le labour, sur une terre meuble. On dit alors semer *sous raie*. Avec la charrue dans un terrain non préparé.

2° Avec la *herse*, lorsqu'on sème après avoir labouré. C'est semer *sur le labour*.

On peut aussi, dans ce cas, se servir avantageusement des instruments désignés ci-dessus, à l'exception de la charrue.

Quel est le meilleur procédé?

C'est de semer *sous raie*. Néanmoins, il est toujours bon de faire passer la herse ensuite pour égaliser le terrain en vue de l'opération de la moisson.

Lorsque les céréales sont levées, quels sont les soins qu'elles exigent?

Il est bon de rouler légèrement, ce qui écrase les mottes laissées par la herse; renchausse la plante, ce qui lui donne de la solidité dans le sol; conserve l'humidité et force la plante à taller.

On pourrait, quelques jours avant le roulage, opérer un hersage, ce qui détruit les mauvaises herbes, ravive la végétation en mettant la plante et la terre au contact de l'air et de la lumière.

N'est il pas à craindre que la herse n'arrache les mauvaises herbes?

Non; car pour un pied de grain arraché, il en poussera huit ou dix.

Quand doit-on surtout faire cette opération?

La meilleure époque serait la fin de février, alors que le sol est généralement humide.

Qu'y a-t-il à faire au mois de mars?

On doit enlever les mauvaises herbes ou sarcler. Cette opération a pour but de nettoyer et le sol et le grain des herbes qui le gênent, et qui, de plus, arrivées en maturité, laisseraient sur le sol leur semence qui l'infesterait peut-être les années suivantes.

Récolte. — Séchage. — Battage ou dépiquage. Rendement.

A quelle époque doit-on récolter les céréales en Algérie?

Il est bon, en Algérie, de récolter les céréales quelques jours avant leur complète maturité, soit lorsque le grain ne s'écrase plus sous le doigt, pour éviter l'effet de la sécheresse, soit pour éviter les grands vents, excepté pour le blé dur qui résiste mieux à ces agents.

Comment se fait la récolte des céréales?

Par la faucille, la faux, et maintenant par la moissonneuse.

Quel est le meilleur procédé?

C'est sans contredit la moissonneuse qui, si elle a le défaut d'égrainer quelque peu la plante, a du moins l'incontestable avantage d'abréger beaucoup le travail; de couper, comme la faux, la tige prés du sol, ce qui donne beaucoup de paille. Elle coûte moins cher que le travail à la faucille ou à la faux.

L'emploi des moissonneuses est-il toujours commode?

Non, si le terrain est trop en pente ou trop pierreux, il faut recourir à la faucille ou à la faux.

La moissonneuse n'est-elle pas d'un prix trop élevé pour les petits colons?

Cet instrument coûte cher, il est vrai; mais plusieurs colons peuvent en faire l'achat en commun, ou le louer.

SÉCHAGE

Que fait-on des céréales coupées?

Il faut les déposer sur le sol, de façon qu'elles sèchent le plus rapidement possible.

On les dispose en javelles si elles sont coupées à la faucille ou à la moissonneuse, ou en andains ou bandes si elles le sont à la faux.

En Algérie, il n'y a guère d'inconvénient à mettre le grain en gerbes aussitôt après qu'il est coupé, parce qu'il est presque toujours sec. Il faut que les épis soient toujours placés dans le même sens et les javelles ou andains peu épais.

Que fait-on lorsque le grain et la paille sont bien secs?

On en fait des gerbes d'environ 0m 30 c. de diamètre, qu'on lie avec des cordes d'alfa. Les cordes d'alfa sont aussi commodes et à un prix moins élevé que celles de seigle, dont on fait usage en France.

En Algérie que fait-on ensuite de ces gerbes?

En France, dans le Nord surtout, on les rentre dans des greniers pour les mettre à l'abri des intempéries ; mais en Algérie on les met en grosse meule droite que l'on rétrécit à la partie supérieure pour former le faîtage. Inutile de dire que la mise en meule doit s'effectuer par un beau temps. D'ailleurs, en Algérie, les pluies sont rares à l'époque de la moisson.

BATTAGE OU DÉPIQUAGE

En Algérie se sert-on, comme en France, de fléaux pour séparer le grain de la paille?

Non ; on bat le grain sur l'*aire* ou espace circulaire bien uni de 8 à 10 mètres de diamètre, qu'on a préalablement bien débarrassé des herbes ou broussailles et damé ensuite.

On dispose les gerbes, la tête en dedans. On fait passer dessus un rouleau mû par des bestiaux.

Quel est le meilleur instrument pour dépiquer?

Le *trillo* espagnol est préférable au rouleau en pierre même cannelé, parce qu'il brise mieux la paille, que les animaux mangeront plus volontiers, ensuite il y a avantage à faire suivre le rouleau d'un trillo.

Bat-on le seigle de la même façon?

Non; on le bat à la main pour conserver à la paille sa longueur.

Quelques colons ne se servent-ils pas de batteuses mécaniques?

Oui ; mais elles sont trop dispendieuses pour les petits colons.

NETTOYAGE DES GRAINS

Lorsqu'on ne fait point usage de la machine à battre qui nettoie et met en sac, comment procède-t-on pour le nettoyage des grains?

Sur l'aire, on enlève le plus gros de la paille à l'aide de fourches ; puis, avec un râteau ou un trident, on retire la plus petite ; ensuite, avec des pelles de bois, on le lance en l'air, au vent, pour séparer le grain de la balle. On répète cette dernière opération jusqu'à ce qu'il ne reste plus de balles. On passe alors le grain au crible ou au tarare et on le relève en un monceau, qu'on met enfin en sac.

CONSERVATION DES GRAINS

Comment conserve-t-on le grain nettoyé?

Autrefois, nos colons pour la plupart, du moins, étaient obligés de vendre leurs grains aussitôt après le dépiquage.

Heureusement, aujourd'hui, ils peuvent déjà attendre que le prix leur convienne.

Toutefois, les Arabes, faute de bâtiments, les conservent dans des silos.

Les Européens les mettent dans des greniers bien secs, sombres et bien fermés, ou dans des sacs placés à l'abri de l'humidité.

Quel est, en Algérie, comme en France, l'insecte principalement à craindre pour les grains?

C'est le charençon, qui multiplie avec une rapidité surprenante.

Comment détruit-on cet insecte?

Au moyen de la vapeur de soufre dans des tonneaux.

PAILLE

Que fait-on de la paille après le dépiquage?

On la met en meule arrangée de façon que les pluies ne puissent l'atteindre.

A quoi servent les balles ?

A la nourriture des bestiaux, comme la paille. Elles seraient une excellente nourriture, mélangée avec des feuilles de betteraves, avec des betteraves, des navets découpés, etc.

Doit-on vendre la paille ?

Non; on en fait du fumier, et l'on sait le rôle du fumier en agriculture.

RENDEMENT DES CÉRÉALES

Quel est, en Algérie, le rendement moyen des céréales ?

En moyenne et par hectare :

Froment.	10 à 15	hectol.,	poids de l'hect.	78 à 80	kilos.
Orge	25 à 35	id.	id.	50 à 60	id.
Seigle ...	18 à 25	id.	id.	70 à 75	id.
Avoine ..	20 à 30	id.	id.	40 à 45	id.
Maïs	20 à 30	id.	id.	60 à 65	id.

Il va sans dire que nous entendons parler des terres de bonne qualité.

Combien 100 kilos de blé donnent-ils de pain ?

Blé dur : 120 kilos ; blé tendre 130 kilos.

Quel est le poids de paille d'un hectare ?

Le poids varie, en moyenne, de 20 à 30 quintaux. Pourtant, le blé battu au fléau produirait plus de paille.

ONZIÈME PARTIE

Plantes commerciales et industrielles

Quelles sont les plantes industrielles ou commerciales?

Ce sont :

1° les plantes oléagineuses ou à huile;
2° Textiles ou à filasse;
3° Tinctoriales ou à couleurs:
4° Différentes autres plantes commerciales, qui sont appelées ainsi parce que la plupart sont livrées au commerce après avoir été soumises aux diverses transformations par l'industrie.

La culture de ces plantes est-elle avantageuse?

Oui; dans les terrains propices, tandis qu'elle nuirait aux terrains maigres.

Que doit-on considérer pour se livrer à la culture de ces plantes?

Il faut en voir l'usage direct ou le débouché, c'est-à-dire la vente.

PLANTES OLÉAGINEUSES

Quelles sont les plantes oléagineuses cultivées en Algérie?

Ce sont le lin, le ricin, le chanvre, le pavot, la navette et le colza sont encore peu communs, et qui fournissent des huiles.

PLANTES TEXTILES

Quelles sont les plantes à filasse que l'on cultive en Algérie?

Le coton, le lin, quelque peu le chanvre, comme nous l'avons dit plus haut.

Pourquoi ces plantes ne sont-elles pas encore en vogue en Algérie?

Parce qu'on est encore obligé, faute d'usines, d'envoyer la filasse en France pour l'utiliser. Mais il arrivera un temps qui, sans doute, n'est pas fort éloigné, où quelque grand industriel viendra mettre à tribut la fertilité de notre sol, en établissant une fabrique de toile de lin ou de chanvre. C'est ce qui encouragera nos colons à utiliser la richesse du sol algérien par la culture du lin et du chanvre sur une plus grande échelle.

PLANTES TINCTORIALES

Les plantes tinctoriales telles que garance, pastel, etc., sont-elles cultivées en Algérie?

Non; parce que les avantages qu'en présente la culture sont loin de répondre aux dépenses qu'elle occasionne.

Autres plantes commerciales

TABAC. — COTONNIER

A quelle époque sème-t-on le tabac?

A deux époques : en janvier, dans les terres de deuxième qualité, et en mars et avril dans celles de première qualité.

Quel tabac convient le mieux en Algérie?

L'expérience a démontré la supériorité du tabac dit *Chébly*.

Comment sème-t-on le tabac?

On commence par donner à la terre plusieurs labours successifs, et comme le tabac est une plante épuisante, il faut bien fumer la terre qui doit le recevoir.

On sème sur couche de la graine de tabac; on arrose de temps à autre la couche qui doit, en outre, être à l'abri d'une température trop basse; on sarcle, puis le temps venu, on dépresse le plant, c'est-à-dire qu'on enlève les plants trop serrés, pour les repiquer à une distance, en tous sens, de 0m 40 centimètres.

L'irrigation régulière du tabac est indispensable.

La culture du tabac doit donc être très-soignée?

Oui; il faut sarcler et biner souvent le sol outre l'arrosage fréquent. On écime, avec les ongles, l'extrémité supérieure des plants, excepté toutefois ceux qui fourniront la semence.

Comment récolte-t-on le tabac?

Il y a plusieurs récoltes par an. Toutefois, on reconnaît que le tabac est mûr, quand les feuilles se montrent languissantes.

On coupe les tiges le soir, puis on les fait sécher à l'ombre dans un courant d'air, après quoi on les livre au commerce.

COTON

Quel est le coton qui vient le mieux en Algérie?

C'est le coton *longue-soie.*

Comment prépare-t-on la terre et cultive-t-on le coton?

A peu de différence près comme le tabac.

Dites la quantité de semence par hectare.

De 6 à 8 litres.

A quelle époque sème-t-on le coton?

En avril et mai.

Quelle distance faut-il laisser entre les plants?

Comme pour le tabac, de 60 à 80 centimètres.

A quelle époque récolte-t-on le coton?

Comme les capsules ne mûrissent pas à une époque uniforme, on en fait la cueillette au fur et à mesure de leur maturité, qui se reconnait lorsque les capsules laissent voir le coton en flocons.

Comment se fait la cueillette du coton ?

Il faut choisir un temps bien sec. On coupe les capsules; on enlève le coton à la main; on sépare le bon du mauvais, puis on le fait sécher.

A quoi servent les grains ?

Comme semence. Ils sont, d'ailleurs, de peu d'utilité au point de vue de la nourriture des animaux. Concassés, ils feraient un bon engrais.

Plantes sarclées

Avec les prairies artificielles, quelles sont les cultures les plus productives ?

Ce sont les cultures sarclées.

Par quoi se recommandent-elles ?

Par une bonne nourriture à l'homme; comme fourrage; par le nettoyage du sol, qui est la conséquence du sarclage.

Quelles sont les principales plantes sarclées ?

Ce sont : la pomme de terre, le topinambour, la betterave, le navet, la carotte, le chou.

POMME DE TERRE

Quelle est la plus utile de nos plantes sarclées ?

C'est la pomme de terre.

Donnez l'usage de la pomme de terre ?

C'est une excellente nourriture pour l'homme, les animaux et les bestiaux. On en fait de la fécule et de l'eau-de-vie.

La pomme de terre vaut-elle mieux crue que cuite ?

Elle vaut mieux cuite, les expériences prouvent qu'elles sont plus profitables employées après la cuisson.

Doit-on cultiver la pomme de terre sur une grande échelle?

Oui; parce que si la terre est propre à cette culture, la pomme de terre donne de beaux bénéfices sous tous les rapports.

Quelles sont les terres qui conviennent le mieux à la culture des pommes de terre?

Ce sont les terres légères, et il faut remarquer que la pomme de terre épuise peu le sol.

Quelle est la méthode la plus expéditive pour planter la pomme de terre?

C'est de la planter à la suite de la charrue, en laissant, toutefois, entre chaque ligne, un espace suffisant pour le binage et le buttage.

A quoi sert le buttage?

Il a pour but de recouvrir de terre les pieds de cette plante dont le fruit a une tendance à s'élever à la surface du sol. Il faut se rappeler que la pomme de terre qui a vu le soleil peut devenir un poison pour l'homme et les animaux.

Quelle distance doit-on laisser entre chaque ligne?

0m 60 centimètres en tous sens.

Qu'y a-t-il à observer lors de la récolte des pommes de terre?

Il faut, pour les conserver, les rentrer propres et très-sèches, les mettre à l'abri de l'humidité et ménager une issue aux vapeurs qui s'en dégagent lorsqu'elles sont en tas.

TOPINAMBOUR

Qu'est-ce que le topinambour?

C'est une plante tuberculeuse, peu cultivée en Algérie, qui a de la ressemblance avec la pomme de terre, avec cette différence qu'il est vivace et se reproduit de lui-même l'année suivante; sa tige est droite et s'élève à 2 mètres au-dessus du niveau du sol. Il supporte les hivers les plus rigoureux.

Comment cultive-t-on ce végétal?

Absolument comme la pomme de terre.

Quelles sont les terres qui lui conviennent?

Toutes, excepté les terrains dits argile rouge, qui sont trop brûlants.

A quelle époque le plante-t-on en Algérie?

Dans le mois de novembre ou de décembre.

Quelle quantité de semence faut-il pour un hectare?

En espaçant les plants de 0m 75 cent. en tous sens, il en faut environ 12 quintaux ou 20 hectolitres par hectare.

A quelle époque fait-on la récolte?

En septembre ou octobre.

Comment le récolte-t-on?

Comme la pomme de terre, après avoir coupé, toutefois, au ras du sol les tiges que l'on met en bottes et que l'on dresse pour les faire sécher. Ces tiges sont utilisées au chauffage des fours.

Quel est le rendement d'un hectare?

Il varie entre 150 et 250 hectolitres.

Comment emploie-t-on les topinambours?

On les donne crus aux bestiaux, mélangés avec un peu de sel de cuisine et de la nourriture sèche pour éviter la météorisation.

On en fabrique aussi de l'alcool.

BETTERAVES

Y a-t-il plusieurs variétés de betteraves?

Oui; il y en a de blanches, de jaunes, de rouges et de roses.

Quelle est la meilleure espèce?

C'est l'espèce blanche qui est la plus riche en sucre.

Quel est le sol qui convient le mieux à la betterave?

Un sol profond, de moyenne consistance, un peu humide et bien fumé, surtout bien ameubli. Sans irrigations, pas de betteraves.

Quel est l'espacement que l'on doit laisser entre chaque plant?

On doit semer en place des grains à une distance de 0m 50 cent. en tous sens.

Est-il bon de semer à la volée ou au semoir?

Non; mieux vaut semer en place.

Doit-on effeuiller les betteraves?

Non; les feuilles sont de peu de valeur et cette opération nuit à la plante.

A quelle époque récolte-t-on les betteraves?

Vers le mois de septembre, en Algérie.

Quel est le rendement moyen d'un hectare?

4 à 500 quintaux.

Quelle est, relativement au bon foin, la valeur fourragère des betteraves?

220 kilos de betteraves blanches équivalent à 100 kilos de foin de prairie naturelle.

Comment les conserve-t-on?

Comme les pommes de terre.

Quel usage fait-on de cette racine?

On la donne crue et coupée en morceaux aux bestiaux; on en fait du sucre ou de l'eau-de-vie.

NAVETS, CAROTTES, CHOUX

N'y a-t-il pas d'autres plantes sarclées plus ou moins utiles comme fourrage?

Oui; le navet, la carotte, le chou la rave et le panais.

Ces plantes sont-elles beaucoup cultivées en Algérie?

Non; on cultive néanmoins la carotte, le panais et le chou comme légumes. On pourrait, pourtant, tirer un grand profit de ces plantes comme fourrage, ainsi que cela se fait en France.

Quelle est la culture à donner à ces plantes?

Leur culture diffère peu de celle des autres plantes sarclées.

En Algérie, on ferait bien, croyons-nous, d'en essayer la culture en grand, dans les terrains irrigables, pour les employer comme fonrrage.

DOUZIÈME PARTIE

CHAPITRE PREMIER

Culture de la vigne en Algérie

Quelles sont les différentes sortes de cépage que l'on cultive en Algérie?

Le piquepoul noir, l'espar ou morvedre de Provence, le carignan, le grenache, le malaga, la clairette, le muscat, etc.

Quelle est l'espèce qui convient le mieux à l'Algérie?

C'est, en général, le grenache, parce que la bonne récolte en est à peu près certaine et qu'il donne d'excellent vin.

Que doit-on surtout rechercher dans le choix des cépages?

On doit, surtout, réunir dans une même vigne les cépages dont les raisins mûrissent à la même époque, ce qui unifie la cueillette, diminue le travail de la vendange et produit de meilleur vin.

Quel est le but que doit se proposer un viticulteur en Algérie?

Il faut distinguer :

Le petit colon, qui doit faire du vin au point de vue commercial, soit du vin ordinaire, et le colon à grande exploitation, qui doit faire du vin ordinaire, du vin fin et du vin de liqueur.

DIFFÉRENTES SORTES OU MODES DE REPRODUCTION DE LA VIGNE

Quels sont ces différents modes?

La vigne renait de ses pépins; mais ce genre de reproduction n'est avantageux sous aucun rapport. Elle se multiplie de marcottes, de provins, de cropettes, de boutures et de greffe, c'est-à-dire de la même manière que les autres arbres.

DES CONDITIONS D'EXPOSITION

En Algérie, quelles sont les meilleures conditions d'exposition?

Une plaine un peu haute et le versant des côteaux sont les meilleures expositions.

DU MEILLEUR SOL POUR LA VIGNE

Quel est en Algérie le meilleur sol pour la vigne?

Règle générale, dans notre Colonie, la vigne végète dans toute espèce de terrains; il faut pourtant en excepter les terres trop argileuses, trop humides ou marécageuses et les terres trop légères.

CHAPITRE II

Plantation d'une vigne

Quel choix doit-on faire des plants?

On doit avoir égard, quand on tire le plant de l'étranger, à l'analogie du sol au sous-sol, à son exposition, au climat; quand on le tire de chez un voisin, il faut choisir le plant sur les ceps les plus fertiles.

DE LA PLANTATION DE LA VIGNE PROPREMENT DITE

Comment plante-t-on la vigne?

De trois manières : en fossés, en fossettes et à la barre à mine.

Les *fossés* sont des tranchées non-interrompues de 35 centimètres de large sur 40 à 50 centimètres de profondeur, ouvertes à la pioche dans un champ. La terre de dessus se met d'un côté et celle du fond de l'autre.

Les fossettes se creusent comme les fossés, avec cette exception que les fossettes ne sont point continues. On leur donne, en général, 60 centimètres de longueur sur 50 de profondeur, et elles sont d'autant plus espacées que l'on veut donner d'écartement aux plants.

On creuse fossés ou fossettes, fin de printemps ou dans le courant de l'automne, pour donner à la terre le temps de subir l'action de l'air, de la lumière et des pluies d'hiver.

Quel est le meilleur procédé?

Dans les terres compactes et fortes, il faut avoir recours aux fossés, ce qui facilite le développement des racines.

Dans les terres douces et profondes, on peut recourir aux fossettes. C'est un système peu dispendieux et expéditif.

La barre à mine peut être employée dans les terrains conservant bien leur humidité.

A quelle distance doit-on planter la vigne?

La distance qui nous paraît être la plus convenable est de laisser un espace en tous sens de 1 mètre 1/2.

CHAPITRE III

Des travaux d'entretien de la vigne

Peut-on cultiver des plantes potagères entre les rangées de la vigne?

Non; on ne le peut sans inconvénient.

La vigne a-t-elle besoin d'être arrosée?

Non; parce qu'il faudrait continuer l'arrosage tous les ans.

Quels sont les soins d'entretien à donner à la vigne?

Ce sont les labours, le déchaussement, l'ébarbillage, le sarclage, le provignage, le couchage et la greffe.

En quoi consistent les labours à la vigne?

Les labours, si les plants sont suffisamment espacés, se font plus rapidement à la charrue légère dans un sens et dans l'autre; il ne reste plus qu'à biner le peu d'espace qui reste autour du plant.

L'époque des labours est déterminée, ainsi que le nombre, par les pluies qui font pousser l'herbe.

Qu'est-ce que l'ébarbillage?

Il consiste à couper les petites racines qui poussent presque au ras du sol. Certains viticulteurs pensent que c'est une bonne opération: d'autres, qu'elle est inutile. Nous pensons, nous, que l'ébarbillage a sa raison d'être parce qu'on force ainsi les autres racines à s'enfoncer plus profondément dans le sol.

Qu'est-ce que le déchaussement?

Il consiste en un trou, fait avec la houe à main, de 10 centimètres de profondeur que, vers le mois de décembre, on pratique autour de chaque pied pour détruire les petites racines dont nous avons parlé plus haut et faciliter l'introduction des pluies d'hiver.

Comment sarcle-t-on les vignes?

Avec la charrue ou la binette, selon le degré de végétation des plants.

Qu'est-ce que le couchage?

Le couchage est une opération qui a lieu toutes les fois qu'un pied vient à manquer ou qu'on veut en remplacer un mauvais.

On l'exécute en prenant le cep le plus voisin que l'on couche à 30 centimètres de profondeur et dont on laisse passer l'extrémité hors du sol.

Quel est le rôle de la greffe?

On greffe la vigne dans le même but que les autres arbres.

Comment pratique-t-on la greffe de la vigne?

En couronne et en fente, en remarquant qu'il faut toujours couper le vieux cep au-dessous du niveau du sol, recouvrir une partie de la greffe dont on ne laisse que deux yeux hors de terre.

A quelle époque pratique-t-on la greffe?

En Algérie, il est bon de greffer du 1er février à fi avril.

CHAPITRE IV

De la taille de la vigne

La taille de la vigne est-elle nécessaire?

Oui; parce que la vigne, abandonnée à elle-même, produit beaucoup de petits raisins ayant peu de jus, peu de saveur et n'arrivant que difficilement à maturité.

Quel est donc l'objet de la taille?

La taille a pour objet de diriger la sève au profit du plant et du fruit, de supprimer les brindilles inutiles; en un mot, de débarrasser le plant du bois et des feuilles qui ne servent à rien.

A quelle époque doit-on tailler la vigne?

L'époque de la taille de la vigne est subordonnée au climat, à l'exposition de la vigne, à la nature du cépage, etc. Toutefois, ne perdons pas de vue que les hommes expérimentés en viticulture nous recommandent de tailler en vieille lune. Pourtant, on peut dire qu'en général, du 15 décembre au 15 février, l'époque nous paraît propice pour la taille de la vigne en Algérie, à l'exception des lieux élevés où les gelées tardives sont à craindre. Là, il faut tailler plus tard.

C'est donc encore à l'expérience qu'il faut avoir recours.

Qu'est-ce que l'ébourgeonnement?

Il en est de même pour l'ébourgeonnement, opération qui consiste à ôter à la vigne, avant l'époque de la floraison, les branches qui ne portent pas de raisins où celles qui en portent le moins, sur des pieds vigoureux.

L'ébourgeonnement de la vigne repose sur les mêmes principes que celui des arbres à fruits.

N'y a-t-il pas des principes généraux qui régissent les opérations de la taille et de l'ébourgeonnement?

Oui; mais ces opérations variant avec les localités, nous ne pouvons ici que les indiquer très-sommairement.

Ainsi, à l'égard de la taille, elle est presque nulle sur les plants de la première année, c'est-à-dire qu'on ne l'exécute que sur les plants les plus vigoureux.

La 2e, 3e et 4e années suivantes, on en fixe successivement la hauteur à 30, 40 et 50 centimètres; après quoi, on maintient le bois à cette dernière hauteur, en laissant au cep deux ou trois verges; puis on taille le sarment sur deux yeux.

Ne distingue-t-on pas deux sortes de taille?

Oui; la taille courte et la taille longue. Il faut, pour l'emploi de l'une ou de l'autre de ces deux tailles, s'en rapporter encore à l'expérience.

Dans la taille longue, n'y a-t-il pas une opération importante à pratiquer?

Oui; le pincement, au moyen du pouce et de l'index, de l'extrémité des pampres venus sur les branches à fruits, de manière à laisser deux ou trois feuilles au-dessus du dernier raisin et six lorsque le pampre n'en porte qu'un.

On pince les branches aussitôt qu'elles ont atteint cette limite.

Quel est l'effet du pincement?

Le pincement a pour effet de développer les contre-bourgeons à l'aisselle des feuilles et de favoriser la croissance et la maturité du fruit et le bois pour l'année suivante.

CHAPITRE V

Engrais et amendements

Doit-on engraisser les terrains complantés de vigne?

Oui; puisque la vigne puise dans le sol une partie de sa nourriture, il est de toute raison de rendre au sol, par l'engrais, ce qu'il a perdu.

Quel est l'engrais qui convient le mieux?

C'est le fumier dont la nature doit être appropriée à celle du sol. En Algérie, les fumiers froids sont les meilleurs. Les fumiers chauds ne sont employés avec succès que quand ils sont bien pourris.

Quels sont les terrains vignobles à amender?

Ce sont les terrains épuisés ou de qualité médiocre. Pour ces amendements se reporter à ce que nous avons dit plus haut, à ce sujet, dans notre cours.

CHAPITRE VI

Des circonstances atmosphériques nuisibles à la vigne, de ses maladies, de ses ennemis

Quels sont, en Algérie, les agents météorologiques les plus à craindre pour la vigne?

Ce sont, au moment de la floraison, les pluies qui amènent le coulage du raisin; mais elles sont très-utiles si elles tombent avant ou après cette époque et surtout si une chaleur soutenue vient en aide à la végétation.

Il faut aussi craindre les brumes, les brouillards, qui, suivis subitement d'un soleil trop ardent, nuisent à la vigne et au fruit, facilitent l'apparition de l'oïdium; enfin, les vents de l'Ouest dont l'effet n'a pas besoin d'explication.

En Algérie, la grêle, si nuisible à la vigne non-seulement pour l'année même, mais encore pour les années suivantes, est heureusement assez rare.

Qu'est-ce que l'oïdium?

C'est une maladie de la vigne, sorte de moisissure, qui est une cause de dépréciation des vignobles et dont l'origine n'est pas encore bien connue.

Elle se développe surtout au printemps. Les colons la connaissent malheureusement trop, pour qu'il soit nécessaire d'en donner les caractères.

Quel a été jusqu'à ce jour le remède le plus efficace contre cette terrible maladie?

L'emploi de la fleur de soufre, que l'on répand sur les plants au moment de la rosée.

Il en faut par hectare :

pour le premier soufrage : de 15 à 20 kilos.
pour le deuxième id. de 45 à 50 id.
pour le troisième id. de 60 à 70 id.

On peut ajouter à ce soufre 1/5 de son poids de plâtre en poudre, qui permet au soufre de mieux s'attacher à la vigne.

Quels sont les insectes qui attaquent la vigne?

L'altise et la pyrale, insectes ailés qui multiplient avec une étonnante rapidité, qui rongent les feuilles de la vigne, et une espèce de hanneton encore peu connue en Algérie.

Puis viennent les oiseaux et les chacals. On peut aussi citer lièvres, lapins, gazelles, lorsque la vigne, de peu d'étendue, se trouve au milieu des broussailles.

Comment détruit-on les insectes ailés?

Le matin et le soir, c'est-à-dire lorsqu'ils ne sont pas réchauffés par le soleil, on secoue les plants, les insectes tombent dans un entonnoir adopté à un sac, puis on les brûle ou on les plonge dans l'eau bouillante.

Pour les hannetons, on les prend en fouillant avec une pioche, puis on les écrase.

Quant aux oiseaux, on les éloigne au moyen de divers systèmes d'épouvantails mobiles placés sur divers points de la vigne.

Pour les chacals, on entoure la vigne d'un fil de laiton à 40 ou 45 cent. au-dessus du sol, passé dans de petits piquets enfoncés en terre. Le fil supporte quelques morceaux de ferblanc, qui, au plus léger mouvement du fil de fer, produisent un bruit suffisant pour effrayer l'animal qui vient s'y heurter sans défiance.

Enfin, quant aux lapins, lièvres, gazelles, on ne les craint plus guère lorsque la vigne a une certaine étendue. C'est pourquoi les colons font bien de s'entendre pour planter leur vigne tous au même canton.

CHAPITRE VII

Culture jardinière de la vigne

Ne cultive-t-on pas la vigne autrement qu'en plein champ?

Oui, on la cultive aussi en espaliers et en treilles, pour en tirer du raisin de table, soit vert, soit sec.

Ces cultures sont-elles beaucoup pratiquées en Algérie?

Non; mais il est probable qu'on ne tardera pas à en faire l'essai. C'est pourquoi il est bon d'en dire un mot.

Quelle différence y a-t-il entre la culture de la vigne en plein champ et la culture en treille ou en espaliers?

Dans les champs on cultive la vigne près de terre, dans les autres on les tient en hauteur.

La taille diffère peu dans l'une et dans l'autre. Toutefois dans la vigne en treille ou espaliers, on taille de façon à donner à la vigne une direction particulière.

La taille en cône, pourrait, ce nous semble, être avantageusement pratiquée en Algérie.

On pourrait faire des observations analogues pour les vignes devant former tonnelles, berceaux ou vignes d'agrément.

Quand doit-on cueillir les raisins de treille?

Un peu avant leur entière maturité.

Comment les conserve-t-on?

On les conserve de différentes manières :

1° On coupe la grappe avec 3 ou 4 centimètres de sarment de chaque côté de la queue de la grappe; on enduit les extrémités du sarment de cire rouge d'Espagne. On suspend le raisin au plancher ou au plafond, dans un lieu aéré et dont la température soit égale le plus possible. On entoure le raisin d'un petit sac de toile ou de papier. De cette façon, les raisins se conservent longtemps avec une certaine fraicheur.

2° Les Portugais, eux, placent le raisin dans un vase de grès vernissé, remplissent bien les vides avec du son, et bouchent hermétiquement les pots avec des bouchons de liége recouverts de plâtre. Cette méthode nous paraît être très-bonne; seulement elle est très-dispendieuse.

Comment prépare-t-on le raisin sec?

Nous dirons que, cette question étant fort complexe et le cadre de notre ouvrage étant très-restreint, nous ne pouvons entrer dans les détails de cette opération qui, d'ailleurs, est du ressort en quelque sorte de grandes maisons qui en font une spécialité. Les Arabes, du côté du désert, en font un grand commerce. Ils les préparent eux-mêmes.

CHAPITRE IX

De la vinification

A quelle époque doit-on vendanger?

En Algérie, du 25 août au 5 septembre, parce que c'est généralement à cette époque que le raisin contient le plus de sucs.

Comment s'assure-t-on de la maturité complète du raisin?

Au moyen du *glucomètre,* instrument qui coûte 2 ou 3 francs.

Comment se sert-on du glucomètre?

On le plonge dans une petite quantité de raisin pressé. Il indique, en s'enfonçant plus ou moins dans le liquide, la richesse en sucre du moût. On compare le degré obtenu à celui de l'année précédente et l'on conclut.

On fixera donc l'époque de la vendange sur des données rationnelles et précises.

Comment pratique-t-on la vendange?

On coupe le raisin soit avec la serpette, soit avec un sécateur; on le met dans des paniers, on l'entasse dans des comportes. Le transport aux futailles se pratique de différentes façons.

Qu'est-ce que le foulage?

Il consiste à broyer, le plus également possible, les raisins dans les cuves, si l'on n'a pas déjà fait cette opération dans les comportes, à la vigne même. Pour ce faire, on se sert soit des pieds, soit d'instruments appelés dames ou d'autres appelés moulins. Toutefois, il faut bien se garder d'écraser les pépins.

Qu'est-ce que l'égrappage?

L'égrappage consiste à enlever les grappes des raisins avant de mettre ceux-ci dans les cuves.

L'égrappage est-il utile?

Oui; il peut être utile lorsque le raisin est peu mûr; mais, en général, il est bon de laisser la grappe avec le raisin en fermentation, en Algérie, surtout, où il est indispensable que le vin conserve un principe astringent utile à sa conservation.

De quoi se sert-on pour opérer l'égrappage?

On se sert ou de la main ou d'un trident.

Une fois le raisin écrasé dans la cuve, qu'y a-t-il à faire?

Si l'on veut obtenir du vin blanc, on soutire immédiatement le jus, qu'on transvide dans un autre fût où il fermentera;

Si l'on désire du vin de couleur, on laissera le jus fermenter avec le marc.

La durée du cuvage est subordonnée à une foule de circonstances dont l'expérience rendra compte. En moyenne, la fermentation dure de 7 à 10 jours en Algérie.

N'y a-t-il pas des cuves en maçonnerie?

Oui; mais elles sont dispendieuses et l'on n'est pas toujours certain qu'elles sont bien construites. Dans tous les cas, elles sont très-utiles aux grands viticulteurs qui peuvent en faire la dépense.

D'ailleurs, elles durent longtemps, et des viticulteurs dignes de foi nous ont affirmé que le vin s'y fait tout aussi bon que dans les cuves en bois.

Quelles sont les précautions à prendre pendant le cuvage?

Au moins toutes les 24 heures il faut avoir soin de presser sur le chapeau, espèce de croûte qui se forme au-dessus de la cuvée, pour éviter qu'il ne s'échauffe, qu'il ne se dessèche, ne se fendille et ne mette ainsi le vin au contact de l'air, ce qui le ferait aigrir.

Il y en a même qui arrosent de temps à autre le chapeau.

Que fait-on après la fermentation?

On procède au décuvage ou soutirage.

Quand reconnaît-on que le temps est arrivé de décuver?

Dès que la fermentation cesse d'être apparente, c'est-à-dire dès que l'oreille ne perçoit plus de bruit dans la cuve. C'est pourquoi il ne faut pas pour qu'un cuvage soit bon que les cépages soient d'âges différents.

La couleur du vin sera d'autant plus prononcée que le cuvage aura été plus long.

Doit-on mettre de la chaux, du plâtre, des plantes aromatiques dans le vin, dans le but de le bonifier?

Non; car ces opérations, au lieu d'être utiles au

vin, le gâtent ou le perdent entièrement. L'eau même est nuisible au vin.

Une fois les vins, rouges ou blancs, en futaille, exigent-ils d'autres soins?

Oui, il faut les surveiller sans cesse ; car, si la fermentation n'était pas complète, les tonneaux pourraient se rompre. Toutefois, pour prévenir cet accident, on fait, à côté de la bonde, un petit trou que l'on bouche avec une cheville que l'on ne serre pas.

D'un autre côté, il est bon de soutirer, vers le mois de mars qui suit la récolte, une deuxième fois son vin, pour le retirer de dessus la lie.

Comment soutire-t-on?

Au moyen d'un robinet placé à 15 centimètres audessus du fond, pour que la lie ou dépôt ne s'écoule pas avec le vin.

Peut-on conserver les vins en Algérie?

Oui, s'ils sont bien faits. Toutefois, l'expérience a démontré que leur durée est en rapport direct avec l'âge de la vigne.

Qu'est-ce que le pressoir?

C'est un instrument au moyen duquel, par le pressurage, on tire une deuxième, une troisième qualité de vin appelé *piquette*, du marc sur lequel on a versé une certaine quantité d'eau après le soutirage.

Ce vin de pressoir est aigrelet et se conserve peu si l'on n'a eu soin de laisser dans le marc une petite proportion de vin qui fournira l'alcool suffisant pour la conservation.

Dites les conditions auxquelles doit répondre un fût pour présenter toutes les garanties désirables?

Les tonneaux doivent être très-propres, sans odeur, secs. Inutile d'ajouter que le soutirage a dû être fait par un temps sec aussi.

Quelles opérations doit subir un tonneau avant de recevoir du vin ?

On doit le laver à l'eau chaude, et avec de l'eau de chaux quand il a quelque mauvaise odeur; s'il est moisi à l'intérieur, on ne doit pas s'en servir. On fait perdre le goût du bois à un tonneau neuf en y introduisant de la lie de vin et de l'eau chaude.

Comment conservè-t-on les futailles ?

Le seul moyen de conserver les futailles en bon état, c'est de les laver convenablement avec du vin ou de l'eau après en avoir tiré le vin, d'y brûler aussitôt une mèche soufrée et de les tenir fermées jusqu'au moment de s'en servir; on pourrait, avec avantage, placer dans un foudre du 3/6, en proportion de 1/10 de litre par hectolitre.

On pourrait mettre avantageusement aussi dans l'eau chaude des feuilles de pêcher ou des pommes de pin (cônes).

Que fait-on du marc ?

On le distille pour en extraire de l'eau-de-vie. Le résidu est un engrais excellent pour la vigne.

Dans quelles conditions faut-il placer le vin pour le conserver ?

A part les futailles, dont nous avons parlé plus haut, nous dirons qu'il faut une cave saine, peu profonde en Algérie, une cave enfin qui conserve une température égale de dix degrés pendant l'hiver comme pendant l'été. En Algérie, les meilleures caves ne doivent, d'après l'expérience, être creusées que de 1 mètre à 1 mètre 50 de profondeur; ce qui en facilite l'aération.

Qu'est-ce que le collage ?

Le collage empêche le vin de se troubler.

C'est une opération qui se fait avec de la colle de poisson dissoute dans un peu d'eau et mêlée à du vin ?

On se sert aussi de blancs d'œufs délayés avec du vin et battus en neige, que l'on verse dans la futaille ; on agite le liquide avec un bâton fendu en quatre à un bout et qu'on introduit par le trou de la bonde.

Six blancs d'œufs suffisent pour un hectolitre de vin.

Le collage dépouille le vin des matières qui le troublaient, et le rend plus agréable à boire. Il est bon de *coller* le vin avant de le mettre en *bouteilles*.

CHAPITRE X

Maladies du vin

Les vins ne sont-ils pas assujettis à certaines maladies ?

Oui ; les principales maladies que le vin contracte en vieillissant sont : la *graisse*, l'*aigre*, l'*amer*, la *pousse* ou *absinthe*, l'*évent* et le *moisi*.

Ces maladies annoncent presque toujours que le vin a perdu quelques-unes des substances qui le constituent, comme l'alcool, le sucre, le tartre, etc.

On lui rend ces substances en le plaçant sur de la lie fraîche d'un bon vin, en y joignant un peu d'alcool et en le coulant plusieurs fois de suite dans un tonneau soufré.

Avec du vin aigre, on emploie de la craie pulvérisée.

Le goût de moisi se corrige par le mélange de l'huile d'olive au vin ; elle surnage et un soutirage en débarrasse le vin.

Pour corriger le vin poussé, gras ou éventé, on le rejette sur le marc du vin nouveau après le décuvage.

TREIZIÈME PARTIE

Du Verger

Qu'est-ce qu'un verger de ferme ?

C'est un terrain complanté d'arbres fruitiers faciles à cultiver et dont le produit est utile à l'exploitation ou avantageux pour la vente des fruits qu'ils fournissent.

En Algérie, quelles sont les espèces d'arbres fruitiers que l'on cultive ?

Le pommier, le poirier, le figuier, l'olivier, le grenadier, l'oranger, le bananier, l'amandier.

REPRODUCTION DES ARBRES FRUITIERS

Comment se reproduisent les arbres fruitiers ?

Au moyen de grains appelés pépins ou noyaux, et de différentes autres manières.

Quel est le meilleur mode de reproduction, ou, du moins, le mode le plus remarquable ?

La greffe.

Qu'est-ce que la greffe ?

C'est une opération par laquelle on transporte un rameau ou un œil d'un végétal sur un autre. On appelle aussi greffe le rameau et l'œil ainsi transportés.

Que faut-il faire pour que l'opération réussisse et dure ?

Il faut une grande ressemblance entre la sève et l'organisation du sujet et celle de la greffe.

Il va sans dire qu'un cerisier, arbre à noyau, ne saurait être greffé sur un pommier, arbre à pépins.

N'y a-t-il pas d'autres considérations fort importantes pour la greffe?

1° Le sujet ne doit pas être trop jeune;
2° Un sujet ne recevra qu'une seule variété;
3° Choisir une greffe et un sujet de même force et de même végétation.

GREFFE

Citez les principales manières de greffer?

La greffe en *fente* et en *couronne*, en *écusson et par approche*, en *placage*.

Parlez-nous de la greffe en fente?

On coupe une branche du sujet à l'endroit où l'on veut greffer; on la fend de haut en bas, à 4 ou 5 centimètres de profondeur; on place dans cette fente une greffe taillée en coin et privée de sa pointe au-dessus du troisième œil.

Il faut avoir soin, pour concentrer la sève, de couper le sujet quelque temps avant l'opération.

Inutile de dire que la greffe doit être choisie sur un sujet vigoureux.

On greffe au printemps.

Ne pas oublier surtout de faire en sorte que les deux écorces coïncident exactement.

Comment fixe-t-on la greffe?

Au moyen d'une ligature en laine serrée modérément. On enduit la plaie de cire à greffer pour empêcher l'action de l'air, de l'eau et du soleil.

En place de cire à cacheter, on peut aussi employer avantageusement de la poix ou de l'onguent de Saint-Fiacre.

Comment se pratique la greffe en couronne?

Comme la greffe en fente, excepté pourtant qu'au lieu de fendre le sujet, on introduit la greffe entre l'écorce et le bois.

GREFFE EN ÉCUSSON

Quand et comment se fait la greffe en écusson ?

Au printemps (œil poussant) et en automne (œil dormant).

Pour greffer, on prend un œil avec un peu d'écorce, sans bois. On choisit cet œil dans la partie moyenne des rameaux.

On introduit cet œil avec l'écorce que l'on vient de couper dans la fente en T pratiquée dans l'écorce du sujet.

On a coupé préalablement la feuille du bouton en laissant le pétiole avec le commencement de cette feuille. On serre légèrement le tout avec de la laine. L'œil restera à découvert et de façon à n'être pas gêné dans son développement.

Lorsque l'écusson est bien pris, qu'y a-t-il à faire ?

On délie ; puis on coupe la tête du sujet au-dessus de l'écusson.

GREFFE PAR APPROCHE

Qu'est-ce que la greffe par approche ?

C'est une greffe qui consiste à unir deux branches de deux plantes différentes pour n'en faire plus qu'une seule.

Comment opère-t-on ?

On enlève une portion d'écorce et de bois égale sur les deux branches. On les joint, on les lie, et, lorsqu'elles sont bien soudées, on coupe le pied de l'une des plantes et la tête de l'autre au-dessus et au-dessous de la suture.

Choisir pour cette greffe une température douce, sans pluie, ni vent froid (1).

---

(1) Il y a aussi la greffe en placage, dont le nom indique la manière d'opérer.

BOUTURE, MARCOTTE

Qu'est-ce que la bouture et la marcotte ?

Ce sont deux modes de multiplication des plantes.

Pour la bouture, elle consiste à prendre sur une plante une branche choisie que l'on plante dans la terre pour lui faire produire des racines.

Il lui faut une température douce et de l'humidité.

La marcotte s'obtient en faisant prendre racine à une branche qui tient à sa tige. Pour ce obtenir, on couche la branche en terre à une profondeur convenable; on l'y fixe au moyen d'un crochet en bois.

Lorsque la branche a pris racine en terre, on la coupe auprès du sujet.

Il est bien entendu que la partie enterrée doit préalablement être effeuillée.

PLANTATION DES ARBRES

Qu'y a-t-il à observer en plantant des arbres ?

Il faut, quelque temps avant cette plantation, creuser un trou plus ou moins large et profond, selon les dimensions que devra prendre l'arbre qu'on destine à ce trou, et cela pour donner à la terre l'air, la lumière et l'humidité.

A quelle époque transplante-t-on les arbres ?

A l'époque où la sève cesse de circuler, ce qui se reconnaît à la chute des feuilles.

Dans les terres fortes, il est bon de pratiquer cette opération quelques jours avant le printemps.

N'y a-t-il pas des précautions à prendre au moment de la plantation ?

Oui; comme il est important que la sève agisse tout d'abord sur les racines, on se contentera de les rafraîchir; mais on enlèvera à l'arbre la plus grande partie de ses branches et l'on raccourcira les autres, tout en y ménageant l'équilibre. C'est là un point capital tant pour les branches que pour les racines.

Que fait-on ensuite?

On place l'arbre dans le trou en lui donnant la même orientation que celle qu'il avait en pépinière. Les racines doivent être dirigées vers la meilleure terre.

Et si c'est un arbre en espalier?

On laisse une certaine distance entre l'arbre et le mur; puis on dirige les racines du côté opposé à ce mur.

Enfin, et toujours, il faut laisser entre chaque arbre la distance suffisante pour que le développement n'en soit pas gêné.

TAILLE

Quel est le but de la taille des arbres?

La taille a pour but de donner aux arbres une forme agréable tout en réglant leur force pour fournir ou du bois ou du fruit.

Comment peut-on apprendre d'une façon sérieuse la taille des arbres?

La taille en vue du fruit ne peut guère s'apprendre que par la pratique.

Quant à celle du bois proprement dite, voici les principes les plus importants :

Couper près du tronc les branches inutiles;

Tailler long les branches faibles à conserver;

Tailler court les branches fortes.

Qu'est-ce que le pincement?

C'est une opération qui consiste à pincer, pour les casser, du pouce et de l'index, les branches qui poussent trop en longueur, pour les faire grossir ou pour favoriser le développement du fruit.

SERFOUISSAGE DES ARBRES

Qu'est-ce que le serfouissage ?

C'est un labour qu'on donne au pied des arbres pour y faciliter l'accès de l'humidité, de l'air et de la chaleur.

FIN DU MANUEL AFRICOLE

CONSIDÉRATIONS GÉNÉRALES

SUR LE BÉTAIL

Économie du Bétail

Qu'est-ce que l'économie du bétail ?

C'est la branche de la science générale qui comprend l'étude de la *conservation* et de l'*exploitation* industrielle des animaux domestiques.

La partie de l'économie du bétail qui a trait à sa conservation s'appelle *hygiène*, qui veut dire *santé*.

Celle qui a en vue l'exploitation industrielle des animaux a reçu le nom de *zootechnie*, qui signifie *art industriel des animaux* et que l'on peut définir : connaissance des animaux appliquée aux besoins de l'homme (Bescherelle).

DE L'HYGIÈNE

Qu'est-ce que l'hygiène ?

C'est l'art de conserver les animaux domestiques en bonne santé.

Comment la divise-t-on ?

On la divise en *hygiène générale* et en *hygiène spéciale* ou *appliquée*.

Dites ce que vous savez sur chacune d'elles.

L'hygiène générale comprend l'étude des branches de cette science se rapportant à tous les animaux domestiques sans distinction d'espèces ou de races.

Donnez des exemples.

L'étude de l'influence du sol, de l'atmosphère, des aliments, des boissons, sur l'économie animale en général, est du ressort de l'hygiène générale.

L'hygiène appliquée a pour but l'étude de l'influence de ces mêmes agents ou facteurs sur une espèce ou une race déterminée.

Divisez les races indigènes algériennes.

Race chevaline, race bovine et race ovine.

Donnez-nous les signes d'une bonne santé chez chacune d'elles.

1° *Race chevaline.* — Le cheval bien portant a l'œil vif, le poil lisse et luisant; il lève la tête et dresse les oreilles au moindre bruit; il hennit dès qu'il entend l'orge remuer dans le crible; il a les reins souples.

2° *Race bovine.* — Le bœuf se couche dès qu'il a pris son repas et se met à ruminer; si on le fait lever, il s'étire en voussant l'échine, puis en l'abaissant (pandiculation).

3° *Race ovine.* — Le mouton suit vivement le troupeau, saute, gambade, mange de bon appétit.

HYGIÈNE DES HABITATIONS

Qu'appelle-t-on habitations?

On appelle ainsi les locaux où l'on abrite les animaux domestiques. Leur nom varie suivant les espèces :

L'écurie est l'habitation du cheval; l'*étable* celle du bœuf; la *bergerie* celle du mouton.

Quelles sont les conditions essentielles à rechercher pour avoir des habitations salubres?

Il faut qu'elles soient espacées et bien aérées, que le sol soit légèrement en pente pour laisser écouler les urines; il faut, enfin, qu'elles soient tenues très-proprement.

L'espace nécessaire à chaque animal (cheval ou bœuf) est de 1m 50 de large sur 2m 50 de long, surtout pour les animaux de travail.

En outre, une habitation bien aérée est celle dont le plafond est élevé et qui possède des ouvertures larges et bien disposées pour favoriser le renouvellement de l'air.

Pourquoi faut-il que l'air soit fréquemment renouvelé?

C'est que celui qui a déjà été respiré par les animaux ne peut plus servir à la respiration.

L'air introduit dans le poumon se décompose au contact du sang; il cède à ce dernier l'oxygène qu'il contient et reçoit en échange de l'acide carbonique, qui est un gaz irrespirable. Il en résulte que si l'on mettait plusieurs animaux dans un local hermétiquement fermé, ils mourraient asphyxiés au bout d'un certain temps.

Il est enfin essentiel de ne pas laisser séjourner dans les habitations les excréments ni les urines, qui dégagent des vapeurs irritantes susceptibles d'engendrer des maladies.

Comment sont tenues les habitations en Algérie?

En général, quoique bien aérées, les habitations sont mal tenues; les soins de propreté font presque toujours défaut.

En Algérie, les hangars bien exposés, vastes et bien couverts, sont assurément les habitations les plus hygiéniques. Ils doivent être exposés au midi et au couchant, de façon à garantir les animaux des vents du N.-O., qui sont froids et fréquents sur le littoral.

En somme, les habitations, en Algérie, doivent être appropriées pour préserver les animaux de la pluie et de l'humidité pendant l'hiver, et des ardeurs du soleil d'été. Pour cela, de bons hangars suffisent à cause de la clémence du climat algérien et de la rusticité de nos races indigènes.

HYGIÈNE DE L'ALIMENTATION

Divisez les animaux domestiques d'après leur utilisation.

On divise les animaux domestiques que nous avons en vue, en *bêtes de travail*, en *bêtes de rente* et en *bêtes de rente* et *de travail.*

Donnez des exemples.

Bêtes de travail : chevaux et bœufs de labour.
Bêtes de rente : juments exclusivement poulinières, vaches laitières, bœufs d'engrais et moutons.
Bêtes de rente et de travail : juments et vaches que l'on fait travailler et produire en même temps.

En Algérie utilise-t-on les vaches au travail?

Rarement, à cause de leur petite taille.

Comment nourrit-on les animaux en Algérie?

La base de la nourriture du cheval est l'orge et la paille; celle du bœuf de labour est le fourrage, la paille, le son ou une ration de grain, orge ou avoine, à l'époque des labours. Les moutons cherchent leur nourriture dans les champs, abondante après les pluies d'automne, très-maigre à l'époque des chaleurs.

Ne donne-t-on pas un supplément de nourriture aux moutons?

Il est prudent, après les premières pluies, lorsque l'herbe commence à pousser, et surtout si les moutons sont maigres, de leur faire consommer pendant la nuit du fourrage ou de la paille; on évite ainsi bien des mortalités.

Le fourrage convient-il aux chevaux?

Le fourrage récolté dans les plaines sur des terrains en jachère est en général grossier, de qualité médiocre, et les chevaux ne le mangent pas volontiers. Ils mangent mieux le fourrage d'orge ou d'avoine coupé en vert; mais la nourriture qui leur convient le mieux est la paille et l'orge ou l'avoine.

L'avoine convient-elle aux chevaux arabes?

On peut donner sans inconvénient de l'avoine aux chevaux arabes. Un bon système est de donner moitié orge et moitié avoine.

A quels chevaux l'avoine convient-elle surtout?

Aux chevaux de race française ou croisés, aux chevaux arabes d'un tempérament mou.

Pourquoi?

Parce qu'elle excite davantage. Elle a plus de feu que l'orge. Cette dernière céréale concassée pousse rapidement à la graisse. La donner avantageusement aux bœufs à l'engrais.

N'y a-t-il pas quelques précautions à prendre dans l'administration de l'orge ou de l'avoine nouvelles?

Oui, on doit mettre ces céréales à tremper dans l'eau quelques heures avant le repas, afin de leur enlever une partie de leur feu. Sans cette précaution elles peuvent produire des échauffements d'intestin se traduisant par de violentes coliques.

RATIONS

Qu'appelle-t-on ration?

Le poids des aliments donnés chaque jour à un animal.

Comment les divise-t-on?

1° en ration d'entretien; 2° en ration de travail; 3° en ration de produit.

Qu'est-ce que la ration d'entretien?

Celle qui est donnée aux animaux qui ne travaillent pas et ne donnent pas de produit.

Quelle est la ration d'entretien du cheval arabe ordinaire?

De 8 kilogr. de paille de bonne qualité et de 2 kilogr. 1/2 d'orge ou d'avoine.

Pour le fort cheval de même race?

De 10 kilogr. de paille et de 3 kilogr. d'orge.

Quelle est la ration d'entretien d'un bœuf de travail de race algérienne?

Elle varie, suivant leur taille, entre 6 et 7 kilogr. d'excellent fourrage qui peuvent être remplacés par 15 kilogr. de paille et 2 kilogr. d'avoine.

Quelle est la ration d'entretien d'un porc de 100 kilog.?

De 2 kilogr. d'orge, d'avoine ou de maïs.

Quelle est celle d'un mouton d'Afrique de 40 kilog., poids vivant?

D'un kilogr. de foin de bonne qualité.

Quelle doit être la ration d'un cheval arabe qui travaille?

D'abord de la ration d'entretien et de 0,40 grammes d'orge par heure de travail facile, et de 0,60 grammes par heure de travail pénible, tel que dépiquage, par exemple.

Quelle est la ration d'un bœuf de travail?

En dehors de sa ration d'entretien, elle est de 7 kilogr. de fourrage pour 10 heures de travail. On peut remplacer le fourrage par 3 kilogr. d'avoine.

Quelle est la ration d'une vache laitière et en plein lait?

Le double de sa ration d'entretien qui est la même que celle du bœuf.

Avez-vous bien saisi la différence qui existe entre la ration d'entretien et la ration de produit ?

Oui ; nous avons à l'écurie un cheval qui ne peut pas travailler par suite d'une boiterie grave ; mon père lui a diminué sa ration de moitié, et le cheval se porte bien.

Qu'en concluez-vous ?

Que la ration qu'il consomme actuellement et qui suffit pour l'entretenir en bon état serait insuffisante si le cheval labourait ou dépiquait; il faudrait alors ajouter à cette ration d'entretien une ration *de produit,* qui, dans ce cas, serait *de travail.*

Citez un autre exemple.

Après les labours, mon oncle, qui avait deux paires de bœufs de travail, en mit une paire à l'engrais ; celle-ci consommait plus du double de nourriture que l'autre; c'est qu'elle recevait une ration de produit qui, dans ce cas, était de la viande.

USAGE DU VERT EN ALGÉRIE

Qu'appelle-t-on mettre les chevaux au vert ?

L'usage de les nourrir pendant un mois environ avec de l'herbe fraîche.

Comment donne-t-on le vert en Algérie ?

En général, à cause de la rareté des prairies, on donne, en Algérie, de l'orge ou de l'avoine en vert que l'on fait consommer sur place ou à l'écurie.

Quels sont les effets du vert ?

De prévenir des maladies, de contribuer au rétablissement des animaux qui ont été gravement malades, de pousser les jeunes chevaux à la croissance, en un mot de purifier le sang par une sorte de lavage intérieur.

Quelle est, en poids, la quantité de vert que consomme un cheval algérien ?

De 40 à 50 kilogr., suivant sa taille.

DES REPAS

Combien fait-on faire de repas aux animaux ?

En général, trois aux animaux de travail : le matin, à 11 heures et le soir.

Ce nombre suffit-il pour les vaches laitières et les bêtes à l'engrais ?

Non; on peut aux vaches fraîches au lait et aux bêtes à l'engrais, vers la fin de l'engraissement, donner jusqu'à 5 repas par jour.

Les repas doivent-ils être réglés ?

Oui; ils doivent être administrés tous les jours aux mêmes heures, parce que les animaux étant habitués à attendre ces heures, ne souffrent pas de faim.

BOISSONS

Quelles sont les précautions à prendre avant d'abreuver les animaux ?

Il faut, autant que possible, leur donner de l'eau claire et limpide, pas trop froide. Attendre qu'ils ne soient pas en sueur.

N'y en a-t-il pas d'autres ?

Il faut encore, si les chevaux sont trop altérés et boivent avec avidité, leur couper l'eau, c'est-à-dire, interrompre l'action de boire pendant quelques secondes et à plusieurs reprises. On évite ainsi des *indigestions d'eau.*

Fait-on boire avant ou après le repas ?

On fait boire avant le repas. Cette précaution est importante à prendre pour les chevaux.

Pourquoi?

Parce que, si l'estomac des chevaux, qui est petit, était rempli d'aliments auxquels viendraient s'ajouter plusieurs litres d'eau (15 à 20 litres), il serait distendu (gonflé) outre mesure, ce qui occasionnerait des indigestions.

HYGIÈNE DU CORPS

PANSAGE ET SOINS DE PROPRETÉ DES ÉCURIES

Quels soins doit-on aux chevaux quand ils rentrent du travail?

On doit les *bouchonner vivement* s'ils sont en sueur et leur mettre une couverture.

Quand ils sont séchés, que fait-on ?

On les nettoie avec les divers instruments de pansage qui sont l'étrille, la brosse et l'époussette.

Est-il nécessaire de faire plusieurs fois le pansage dans un jour?

Un bon pansage suffit le matin pour les chevaux de travail; le dimanche, on doit peigner leur crinière et leur queue.

Les mêmes soins de propreté sont applicables aux bœufs et aux vaches.

Doit-on renouveler la litière des animaux?

Oui, tous les jours.

Pourquoi?

Parce qu'ils reposent mieux sur le sec et que leur fumier accumulé laisse échapper des vapeurs qui peuvent engendrer des maladies.

Doit-on laisser les fumiers séjourner dans les cours aux abords des écuries?

Non; car les fumiers en fermentant peuvent être la cause de maladies graves telles que le charbon.

Notions de Zootechnie appliquée

Choix des animaux de race algérienne

1° CHOIX DU CHEVAL BARBE

Quelles sont les qualités fondamentales que l'on doit rechercher lorsqu'on achète un cheval barbe?

Il faut, autant que possible, qu'il soit âgé de 4 à 6 ans, que ses jarrets soient larges et épais, qu'il ait le rein court et large, l'épaule longue et oblique, le tendon large et bien détaché, le front large et les yeux grands et expressifs.

Où se trouve le jarret?

C'est la grande jointure, *le genou*, du membre de derrière. C'est comme un ressort qui pousse le corps en avant.

Où se trouve le rein?

Entre la croupe et l'endroit occupé par la selle.

Et l'épaule?

L'épaule est l'espèce de palette appliquée de chaque côté de la poitrine.

Et les tendons?

Les tendons sont ces cordes des membres antérieurs situés en arrière et en bas de la jointure du genou.

2° CHOIX DES BŒUFS DE TRAVAIL ET D'ENGRAIS DE RACE ALGÉRIENNE

Quelles sont les qualités à rechercher chez les bœufs de travail?

Quoique la race soit uniforme et que les individus se ressemblent beaucoup, on doit, pour le travail, choisir les plus grands et les plus étoffés,

Énumérez quelques-unes de ces qualités.

Le front large, l'encolure épaisse, les épaules charnues, les jointures épaisses, le rein épais, la croupe large.

Ne doit-on pas tenir compte de la disposition des cornes?

Oui; cette disposition est essentielle pour l'application du joug.

Quand un bœuf est-il bien corné ?

Lorsque les cornes, d'abord dirigées en dehors, se rapprochent par leur extrémité de manière à former un croissant régulier.

Que pensez-vous des bœufs marocains comme animaux de travail?

Les bœufs marocains que l'on trouve répandus dans le département d'Oran sont des bœufs de travail d'un type précieux; j'ai entendu dire par notre vétérinaire qu'ils valaient presque les bœufs auvergnats de Salers, si renommés pour le travail.

Quelle est la conformation à rechercher pour les animaux d'engrais?

On doit choisir les sujets les plus fins, ceux qui ont la tête petite, les cornes lisses et effilées, l'encolure mince, la peau fine et luisante, les membres fins, la fesse longue.

Et pour les vaches laitières?

Cette conformation s'applique au choix des vaches arabes laitières; il faut, de plus, qu'elles aient le pis bien développé et les veines lactées très-apparentes.

Qu'appelle-t-on veines lactées?

Ce sont celles qui partent des côtés du ventre pour aboutir aux mamelles.

UTILISATION, REPRODUCTION ET AMÉLIORATION DU BÉTAIL ALGÉRIEN

Doit-on, en Algérie, utiliser les races indigènes ou leur substituer des races étrangères ?

On doit dans tous les cas utiliser les races indigènes.

Pourquoi ?

Parce que c'est le moyen le plus économique, et qu'en agriculture, comme en économie du bétail, on doit bien se pénétrer de la *notion du bénéfice* qui doit dominer toutes les opérations.

Pourquoi l'emploi des animaux des races indigènes est-il plus économique ?

Parce qu'on se les procure facilement ; que leur prix de revient n'est pas très-élevé, et surtout parce que leurs exigences sont en rapport avec les ressources du sol.

Que résulterait-il de l'emploi d'animaux de race française ?

D'abord, il faut se les procurer à grands frais, employer par conséquent un capital plus élevé ; ensuite, pour les nourrir, il faut cultiver le sol en vue de leurs exigences ou acheter des denrées alimentaires ; en outre, ils sont plus sujets aux maladies et moins résistants à l'ardeur du climat africain.

Énumérez quelques-unes des qualités des animaux de race indigène.

1° *Du cheval* : Il est dur à la fatigue, facile à nourrir, d'un caractère doux, d'un dressage facile aux divers travaux de l'agriculture et de trait léger.

2° *Du bœuf* : Le bœuf est également facile à dresser au joug, il s'entretient avec peu, s'engraisse facilement, et fournit une viande d'excellente qualité.

3° *La vache* : Elle a des formes fines et gracieuses ;

bien nourrie, elle est susceptible de donner de 6 à 10 litres de lait par jour,

4° *Le mouton* : La laine des moutons du Sud est très-estimée, son brin est presque aussi fin que celui des mérinos, sa chair contribue à approvisionner le marché de Marseille. Il trouve à se nourrir dans de maigres pâturages et supporte, parfois sans abri, les intempéries des saisons.

Quel défaut peut-on reprocher aux animaux indigènes ?

Actuellement, avec les améliorations introduites dans nos cultures, par suite des labours fréquents et profonds que l'on donne aux terres, on peut reprocher à nos animaux de travail surtout le défaut de taille et de poids.

Comment obvier à cet inconvénient ?

En améliorant la race par les moyens qui seront indiqués à propos de l'élevage.

Élevage du bétail algérien

ÉLEVAGE DU CHEVAL

Y a-t-il avantage à élever des poulains ?

Non, dans l'état actuel des cultures.

Pourquoi ?

Parce qu'un poulain élevé à l'écurie jusqu'à l'âge de 4 ans 1/2, époque de sa livraison à la remonte, coûte plus d'argent qu'il ne vaut.

Combien coûte un cheval élevé chez un colon à l'âge de 4 ans 1/2 ?

Il coûte 0 fr. 45 cent. par jour au minimum, ce qui fait 732 fr. 60.

Quelle est sa valeur à cette époque ?

S'il ne lui est arrivé aucun accident et s'il est exempt de tares, sa valeur est de 600 francs.

L'élevage chez les colons n'a-t-il pas d'autres inconvénients?

Oui; les jeunes poulains manquent d'exercice, ce qui fait que leurs membres restent grêles; en outre, comme les écuries sont en général mal pavées, ils perdent leur aplomb; leurs tendons amincis les font paraître arqués.

L'élevage à l'écurie n'influe-t-il pas sur le caractère des chevaux?

Oui; un repos forcé et une nourriture copieuse rendent les chevaux impatients, indociles, difficiles à dresser et à conduire.

Quels sont actuellement les producteurs naturels du cheval algérien?

Ce sont les Arabes; ils produisent meilleur marché une marchandise supérieure en qualité.

Pourquoi?

Chez les Arabes, les poulains sont en liberté dès leur naissance; ils suivent la mère à travers les sentiers de la montagne. Elevés au sein de la famille arabe, leur caractère se ressent des bons traitements et des caresses dont ils sont l'objet; en outre, pendant une partie de l'année, ils se contentent de l'herbe des champs et ne reçoivent en hiver qu'un supplément de nourriture modique. Ils sont de plus utilisés dès l'âge de 2 ans 1/2 à des travaux légers qui diminuent d'autant leur prix de revient.

Quels sont les résultats de cette éducation?

C'est que, si quelques poulains succombent en bas-âge, faute de soins, la plupart résistent et font des chevaux solides, sobres, vigoureux, d'un caractère docile, d'un débouché facile et d'un prix de revient permettant de réaliser un bénéfice sur leur élevage.

Les colons doivent-ils se désintéresser complétement de l'élève du bétail?

Il se peut que, dans les plaines irrigables ou dans de grandes exploitations agricoles, se trouvant dans des conditions particulières, on puisse se livrer avec avantage à l'élève du cheval; mais, dans la grande généralité des cas, cette opération est onéreuse et doit être mise de côté.

En dehors de l'élevage, y a-t-il avantage à acheter des jeunes chevaux?

Oui; si on a de quoi les nourrir.

Donnez-en le motif.

En achetant un cheval âgé de 2 ans 1/2 et sans tares, au printemps, on l'utilise au dépiquage; on peut, en outre, le dresser à la carriole et s'en servir pour les petits travaux de la ferme; au printemps suivant, on peut le faire herser dans les terres légères, puis après l'avoir fait dépiquer de nouveau, on le prépare pour la vente.

Quels avantages peut-on retirer de cette opération?

D'abord, à l'époque de l'achat, de choisir un cheval propre, sans tares, et d'éviter ainsi les risques d'accidents pouvant survenir de l'époque de la naissance à l'âge de 3 ans; ensuite, le poulain à cet âge gagne en partie sa nourriture.

Quel bénéfice peut-on réaliser en agissant ainsi?

En achetant un bon poulain de 2 ans 1/2 à 3 ans, pour 300 fr., on est à peu près sûr de le revendre 650 fr. à 4 ans. Or, en déduisant 100 fr. pour la nourriture qu'il n'a pas gagnée par son travail, on peut réaliser un bénéfice sûr de 250 fr.

ÉLEVAGE DU BŒUF

Y a-t-il avantage à se livrer à l'élève du bœuf?

Quoique la *spéculation* soit plus avantageuse, il y a souvent avantage à élever des bœufs et des vaches.

Qu'est-ce que la spéculation ?

Elle consiste à acheter des animaux maigres à l'époque où ils sont bon marché et à les vendre quand ils sont gras.

Quels sont les avantages de l'élevage du bœuf ?

D'obtenir des produits qui, sous l'influence d'un bon régime, acquièrent de la taille et de l'étoffe et sont ainsi plus aptes au travail, à l'engraissement et à la production du lait.

Si on se livre à l'élevage, quelles sont les règles à suivre pour obtenir de bons produits ?

Il faut apporter un soin scrupuleux dans le *choix des reproducteurs*, bien soigner et bien nourrir les femelles pleines ou nourrices, et fournir aux produits une alimentation saine et abondante.

En quoi consiste le choix des reproducteurs ?

Le choix des reproducteurs, appelé *sélection*, consiste à livrer à la reproduction les individus qui réunissent au plus haut degré les conditions de conformation que nous avons indiquées précédemment.

Pourquoi ?

Parce que les produits, en vertu de l'hérédité, ressemblent à leurs parents en bien ou en mal.

Indiquez l'influence d'une bonne alimentation des mères et des produits.

En bien nourrissant les mères, les produits qu'elles portent dans leurs flancs trouvent en abondance les éléments qui servent à leur développement; après la mise-bas, une bonne alimentation donne à la mère beaucoup de lait pour son nourrisson, et, enfin, après le sevrage, un bon régime aide au développement des jeunes.

Notions élémentaires de Médecine vétérinaire

Qu'appelle-t-on médecine vétérinaire?

L'art de guérir les animaux domestiques quand ils sont malades. Elle est exercée par des hommes spéciaux appelés *vétérinaires*.

Est-il bon d'avoir quelques notions de cet art?

C'est indispensable; car le vétérinaire se trouve parfois éloigné du village, ce qui rend son déplacement onéreux; quelquefois aussi il faut agir promptement comme dans le cas d'indigestion venteuse *(tympanite)* chez le bœuf; enfin, à cause du peu de valeur relative des animaux de race indigène, il ne faut pas augmenter mal à propos les frais généraux de l'exploitation.

A quel signe reconnait-on qu'un animal est malade?

Cheval. — L'appétit est le thermomètre de l'état de santé du cheval. Dans les cas de maladies graves, il diminue notablement; s'il fait complétement défaut, c'est que la maladie est dangereuse. En outre, le cheval malade tient la tête basse ou appuyée sur le bord de la mangeoire; il est indifférent à ce qui se passe autour de lui; son poil perd le lustre, on dit qu'il *se pique;* lorsqu'on pince les reins avec la main, le cheval ne *plie pas*, ses reins *sont raides*.

Bœuf. — Le bœuf perd l'appétit à la moindre indisposition; s'il est gravement malade, il ne rumine pas, et, si étant couché on l'oblige à se lever, il ne *s'étire pas* à la façon que nous avons indiquée.

Mouton. — Le mouton malade suit le troupeau avec peine, l'appétit est nul, la rumination suspendue; à la bergerie, il se couche dans un coin, appuie sa tête sur la litière et se lève avec difficulté.

Porc. — Le porc malade refuse les aliments, se tient couché dans un coin de sa loge, ou, étant debout, il prend un point d'appui contre le mur à l'aide de son train postérieur.

Quelles sont les précautions à prendre dès qu'on s'aperçoit qu'un animal est malade?

Il faut le mettre aussitôt à la diète, le bouchonner, le couvrir, lui donner des boissons tièdes additionnées de quelques jointées de farine d'orge ou de froment.

N'y a-t-il pas d'autres précautions?

Si la maladie qui vient à se déclarer sur un animal peut se communiquer à un autre, si, en un mot, cette maladie est de nature contagieuse, il faut immédiatement isoler le malade.

Maladies qui atteignent le plus fréquemment le bétail algérien

Comment les distinguerons-nous?

En maladies *non contagieuses* et en maladies *contagieuses.*

Maladies non contagieuses

Décrivez les premières?

Parmi celles-ci nous placerons en première ligne les *coliques,* si fréquentes et si graves chez le cheval.

COLIQUES

A quels signes reconnait-on qu'un cheval a des coliques.

Le cheval est inquiet, piétine la litière, gratte le sol avec ses pieds de devant; il se couche, se lève, pour se recoucher encore. Si le mal augmente, il s'étend de tout son long, sur la litière, se roule, se regarde les flancs comme pour montrer le siége de ses souffrances. Si alors on n'arrête pas la maladie, les symptômes ou signes s'aggravent, les mouvements deviennent de plus en plus désordonnés, le malade se lève brusquement pour se laisser tomber sur le sol comme une masse inerte. Enfin une sueur froide envahit la peau, les yeux deviennent hagards, les narines se dilatent, l'animal se met à trembler de tous ses membres, tombe sur sa litière et meurt.

Que doit-on faire dès le début du mal?

On rentre l'animal à l'écurie, on le bouchonne vigoureusement, on le couvre avec plusieurs couvertures; s'il se débat, on le promène au pas dans un endroit où il n'y ait pas de courant d'air froid. Pendant ce temps, on prépare une infusion soit de verveine, soit de tilleul ou de thym, et lorsqu'elle est assez refroidie pour que l'animal puisse la boire, on la lui administre dans une bouteille. Si on a de l'éther sous la main, on en mettra deux cuillerées à bouche dans l'infusion. On se procurera une seringue, on donnera des lavements avec de l'eau de mauve ou une décoction de feuilles de figuier de barbarie coupées en morceaux; si malgré ce traitement le mal continue, on s'empressera d'appeler le vétérinaire.

FLUXION DE POITRINE

A quoi reconnait-on qu'un cheval a une maladie de poitrine?

Au début, le cheval est triste, son appétit diminue sensiblement, il tousse, il bat du flanc comme s'il venait de faire une course rapide: il jette du nez une matière claire ou rougeâtre comme de la rouille. Si le soir, dans le calme de la nuit, on l'observe avec attention, on entend une plainte cadencée qui suit chaque mouvement de respiration.

Que doit-on faire en pareil cas?

Si un propriétaire intelligent soupçonne l'existence d'une maladie de poitrine sur un de ses animaux après avoir mis le malade à la diète, l'avoir bien couvert et avoir recommandé qu'on ne lui donne pas à boire de l'eau fraîche, il s'empressera d'appeler le vétérinaire.

FOURBURE

La fourbure est une maladie qui affecte les chevaux et les bœufs et qui est caractérisée par la difficulté qu'éprouvent les animaux qui en sont atteints à marcher et à se tenir debout.

D'où vient cette difficulté?

D'une douleur très-vive qui a son siége dans le sabot ou les onglons et qui est provoquée par une accumulation du sang dans les parties molles renfermées dans le sabot. Comme celui-ci ne cède pas, les tissus gonflés sont comprimés et l'animal souffre à la manière d'un homme dont le pied viendrait à se gonfler après qu'il aurait chaussé un soulier en fer.

Quelles sont les causes de cette maladie?

Les grandes fatigues, les marches forcées à une allure rapide, et l'abus de l'orge ou de l'avoine. Ainsi, un cheval qui se détache la nuit, et qui mange dans le coffre ou dans un sac à orge, jusqu'à ce qu'il soit rassasié, tombe généralement fourbu.

A quels signes reconnaît-on la fourbure?

L'animal fourbu est couché sur la litière, il se plaint, si on le fait lever, il exécute ce mouvement avec difficulté; s'il n'est fourbu que de deux membres, antérieurs ou postérieurs, il engage sous le corps les deux membres sains pour leur faire supporter le plus de poids possible. Si on veut le faire marcher, il résiste d'abord, il faut l'exciter vivement pour le décider à se mouvoir, il le fait alors avec la plus grande difficulté.

Que faut-il faire en ce cas ?

Dès qu'on s'aperçoit de l'accident, il faut mettre l'animal à la diète, lui donner des boissons tièdes additionnées de quelques jointées de farine et de 50 à 100 grammes de sulfate de soude. Il faut ensuite mettre le malade dans l'eau jusqu'aux genoux et l'y laisser pendant plusieurs heures ; si le lendemain on n'observe pas une amélioration notable, on a recours au vétérinaire.

POUSSE

Qu'est-ce que la pousse ?

C'est une maladie qui affecte le cheval, l'âne et le mulet, et qui a son siége dans le poumon.

Quelles en sont les causes ?

Parmi les plus essentielles, nous citerons l'excès de travail, le séjour prolongé dans des écuries basses, humides, peu aérées, et enfin l'usage prolongé des fourrages grossiers et de mauvaise qualité, fort communs en Algérie.

A quoi reconnait-on la pousse ?

Au début, il est difficile de reconnaitre la pousse ; mais, quand la maladie est ancienne, on la reconnait facilement.

Énumérez les signes de la pousse.

Le cheval poussif bat du flanc à l'écurie, surtout en mangeant sa ration de grain. Au travail, il s'essouffle facilement ; les mouvements du flanc s'accélèrent : ils sont irréguliers et entrecoupés par un *soubresaut* qui est le *signe le plus caractéristique* de la pousse. En outre, le cheval poussif tousse souvent, surtout la nuit ; sa toux est sèche, on dirait qu'elle vient des profondeurs de la poitrine.

La pousse est-elle une maladie grave ?

Oui ; le cheval qui en est atteint perd la plus grande partie de sa valeur.

La pousse est-elle une maladie qui se guérisse facilement?

Non; c'est une maladie *incurable;* c'est à peine si on peut la masquer pour un certain temps en mettant les animaux au régime du vert et en leur administrant un ou deux grammes d'arsenic tous les jours, pendant un mois.

Que résulte-t-il de cela?

Les propriétaires de chevaux poussifs profitent de l'époque du vert pour les vendre; aussi doit-on prendre les plus grandes précautions lorsque, dans ce moment, on achète un cheval âgé de plus de 4 à 5 ans, car la maladie ne se montre que très-exceptionnellement sur les jeunes chevaux.

Quelles sont les précautions à prendre, lorsqu'on achète un cheval d'âge au printemps?

Il est prudent de le faire visiter par une personne compétente. Sinon, il faut, avant de le payer, le garder à l'écurie pendant vingt-quatre heures au moins, lui donner pendant ce temps une forte ration d'orge et l'observer attentivement, pour constater qu'il ne présente aucun des signes que nous venons d'indiquer.

Peut-on faire disparaître la pousse au moment de la vente?

Oui; les maquignons, souvent peu scrupuleux, administrent avant la vente des drogues (opium, belladone) qui font momentanément disparaître les symptômes de la pousse.

Nous allons indiquer, sommairement, quelques maladies qui affectent l'espèce bovine et l'espèce ovine.

MÉTÉORISATION, TYMPANITE, GONFLEMENT, COUP DE VENT

Sous ces divers noms on désigne un accident que

l'on observe sur le bœuf et le mouton et qui est déterminé par une grande accumulation de gaz dans l'estomac de ces animaux, qui se traduit au dehors par le gonflement du ventre, qui ressemble alors à un tambour.

Quelles sont les causes de cet accident?

Les indigestions, surtout celles qui surviennent à la suite de l'usage de la luzerne en vert.

Quel est le traitement à suivre?

Il faut faire prendre *par force* aux animaux des infusions excitantes de tilleul, de camomille, de vin chaud, additionnées, pour le bœuf, de deux cuillerées d'alcool volatil. Si le mal augmente et que le gonflement menace d'étouffer l'animal, si on n'a pas le temps d'appeler le vétérinaire, il faut percer le ventre avec un couteau à lame étroite et introduire dans l'ouverture un petit tube en roseau destiné à laisser s'échapper au dehors le gaz accumulé dans la panse.

A quel endroit doit-on faire la ponction?

Sur le flanc gauche, à égale distance de la pointe de la hanche, de la dernière côte et de l'épine dorsale.

JAUNISSE

Qu'est-ce que la jaunisse?

C'est une maladie qui attaque les chevaux, plus souvent les bœufs et les moutons algériens.

Est-elle grave?

Elle est sans gravité chez le cheval et presque toujours mortelle chez les ruminants.

Quelles sont les causes de la jaunisse?

Cette terrible maladie, à laquelle le bétail algérien paie, chaque année, un énorme tribut, est fréquente en été pendant les mois de juillet, août et septembre, surtout dans les plaines où les fièvres intermittentes sont communes. A cette saison de l'année, les animaux sont en général gras et bien portants. Ils boivent de l'eau chaude croupie dans des mares et contenant en suspension une multitude de petits animaux (infusoires) ainsi qu'une forte proportion de matières organiques. Ces eaux, dans ces conditions, déterminent une sorte d'empoisonnement lent, caractérisé par une altération profonde du sang. Ce dernier, en effet, se change en eau pour ainsi dire. En même temps, le foie s'engorge, double de volume. Cette grosse glande, qui purifie le sang en le débarrassant de la bile, ne fonctionne plus régulièrement. Il en résulte que la bile restée dans le sang le colore en jaune. Le liquide nourricier, à son tour, en imprégnant les chairs, leur communique cette teinte jaune-citron.

Les eaux chaudes et croupies des mares peuvent être considérées comme la *cause déterminante* de la jaunisse chez les ruminants.

Quels sont les symptômes de la jaunisse chez le bœuf et le mouton?

A l'époque de l'année que nous venons d'indiquer, on doit examiner attentivement le troupeau quand il rentre du pâturage. Dès le début de la maladie, le malade perd l'appétit, tient la tête basse au pâturage, s'éloigne du troupeau qu'il suit avec quelque difficulté. En arrivant à l'étable ou dans le parc, il se couche dans un coin, ne rumine pas, et se lève avec difficulté lorsqu'il y est excité. Une tumeur molle (œdème), diffuse, ne tarde pas à se montrer sous la mâchoire. Si on regarde l'œil en soulevant la paupière, on observe que la partie blanche du globe (sclérotique) a une teinte jaune-citron, l'intérieur des oreilles offre la même nuance ainsi que la peau des mamelles. Vers le troisième jour, l'animal reste constamment couché, il est profondément triste, refuse les boissons, reste indifférent à ce qui se passe autour de lui et meurt bientôt sans convulsion.

Que doit-on faire dès qu'on s'aperçoit qu'un bœuf a la jaunisse?

Il faut immédiatement le livrer au boucher si la chose est possible. Deux jours après le début il n'est plus temps : la viande est imprégnée de bile et impropre à la consommation.

Quel est le traitement à suivre?

Chez le bœuf et le mouton la jaunisse est, en Algérie surtout, une maladie souvent incurable. C'est une maladie que l'on doit plutôt chercher à prévenir qu'à guérir.

Quels sont les moyens de la prévenir?

De donner aux bestiaux de l'eau claire et fraiche, et surtout, si on a des animaux gras, de les vendre avant le mois de juillet.

Quels sont les moyens de la guérir?

Ils sont presque toujours insuffisants; toutefois, on arrive souvent à maîtriser la maladie en *inondant* le malade de tisane de graine de lin en boisson et en lavements. On doit additionner chaque litre de tisane de 50 grammes de sulfate de soude.

BOUTONS DE CHALEUR, ÉCHAUBOULURE

Pendant l'été surtout en Algérie on observe sur les chevaux ou sur les bœufs et de préférence sur les chevaux les mieux portants, une éruption formée par des boutons de forme et de volume variables, ayant leur siége dans l'épaisseur de la peau.

Comment se forme cette éruption?

Cette éruption, que l'on pourrait confondre avec le farcin, se montre brusquement; en moins d'une heure on voit tout à coup le corps se couvrir de petites tumeurs qui, en se réunissant entre elles, forment des masses volumineuses et donnent à l'animal un aspect difforme.

Quel est le traitement?

En pareil cas, il faut faire saigner le malade et lui administrer du sulfate de soude en boissons et en lavements, Cet accident est sans gravité malgré son aspect alarmant; il disparaît presque aussi rapidement qu'il s'est montré.

DÉMANGEAISONS

Il est rare de voir pendant l'été ou au commencement de l'automne les chevaux arabes exempts d'une éruption de petits boutons ayant son siége de préférence sur les côtés des joues, sur l'encolure et sur les membres : c'est la gale bédouine des chevaux.

Quel est le traitement à suivre?

Il est des plus simples : après avoir fait un lavage au savon noir sur les parties atteintes, on les lotionne fréquemment avec une décoction de feuilles d'eucalyptus.

PLAIES

Qu'appelle-t-on plaies?

On appelle ainsi des solutions de continuité se montrant sur diverses parties du corps et produites soit par des coups, soit par des déchirures, soit par les harnais, etc., etc.

Comment doit-on soigner les plaies?

En Algérie, pendant l'été, les plaies se guérissent difficilement à cause de la chaleur et des mouches; sous l'influence de ces circonstances et de la malpropreté, la gangrène peut se déclarer et entraîner la mort de l'animal blessé. Aussi, dès le début, on doit préserver la plaie des mouches, la laver avec de l'eau fraîche additionnée de quelques gouttes d'extrait de saturne ou bien avec une décoction de feuilles d'eucalyptus ou bien simplement avec de l'eau phéniquée (un verre à bordeaux de phénol pour un litre d'eau).

Quelles sont les indications à remplir ensuite ?

Elles dépendent de la nature et de la gravité des plaies. Si l'on a à faire à une plaie profonde avec perte de substance déterminant de la fièvre, on consultera le vétérinaire.

S'il s'agit d'une plaie superficielle récente, les soins que nous avons indiqués suffisent. Si la plaie est étendue et d'une certaine profondeur, on fera deux pansements par jour avec des étoupes hachées imbibées de teinture d'aloès. Si la plaie est rugueuse, parsemée de petits bourgeons charnus, lui donnant l'aspect d'un petit chou-fleur (plaies d'été), on pansera avec de la chaux vive en poudre ou avec du sulfate de cuivre (vert-de-gris) pulvérisé. Si, enfin, la plaie dégage une mauvaise odeur, on la pansera avec du phénol Bobœuf pur.

Maladies contagieuses

Quelles sont les maladies que l'on désigne ainsi ?

Ce sont celles qui se communiquent d'un animal à un autre.

Se transmettent-elles à l'homme ?

Oui ; quelques-unes jouissent du triste privilége de se transmettre des animaux à l'homme.

Énumérez-les.

La maladie farcino-morveuse, le charbon, la rage, la fièvre aphtheuse ou cocotte, la gourme, la gale, la clavelée.

MORVE ET FARCIN

On désigne ainsi une maladie *contagieuse* presque toujours mortelle, qui affecte le cheval, le mulet et l'âne et qui peut se transmettre à l'homme.

La morve et le farcin sont-elles des maladies différentes ?

La morve et le farcin ne forment qu'une seule et

même maladie, puisqu'un animal morveux peut donner le farcin à son voisin, et qu'un cheval farcineux peut communiquer la morve à un autre.

a) FORME MORVEUSE

A quoi reconnaît-on la maladie farcino-morveuse?

L'animal qui a la morve jette du nez, souvent d'un seul côté; il peut avoir toutes les apparences de la santé, faire son travail comme de coutume; on dit alors que la maladie est *chronique*. En explorant le creux qui se trouve entre les mâchoires, on sent une petite boule collée contre l'os de la mâchoire du côté où a lieu le jetage. Ces signes s'appliquent à la forme de la maladie appelée *morve chronique.*

b) FORME FARCINEUSE

A quoi reconnaît-on la maladie farcino-morveuse?

Dans la forme farcineuse, on voit des boutons disposés en rangée le long des veines soit du cou, soit du corps, soit des membres. Les boutons s'ouvrent et laissent écouler du pus jaunâtre. Si les boutons se montrent sur les membres, ceux-ci sont engorgés.

Que faire en pareil cas?

Dès qu'on s'aperçoit qu'un animal jette du nez, surtout s'il ne tousse pas et qu'il conserve son appétit, dès que l'on observe sur son corps des boutons disposés comme des grains de chapelet, on doit se hâter, après l'avoir isolé, de consulter le vétérinaire.

Quelles sont les obligations du propriétaire lorsque le vétérinaire a reconnu l'existence d'une des formes de la maladie farcino-morveuse?

Il doit immédiatement prévenir le maire de sa commune et tenir son animal enfermé chez lui jusqu'à ce que l'autorité ait prescrit des mesures dites de *police sanitaire.*

Faute de faire cette déclaration, que pourrait-il lui arriver ?

Il pourrait être traduit devant le tribunal correctionnel et y être condamné à une forte amende, même à de la prison. (Art. 459 du Code pénal.)

La maladie farcino-morveuse n'affecte-t-elle pas une autre forme ?

Quelquefois chez le cheval, presque toujours chez le mulet et l'âne, la maladie s'accompagne d'une grande fièvre. Dans ce cas on dit que la maladie est *aiguë*. Elle n'est pas facile à reconnaître, mais l'animal affecté est tellement malade que tout propriétaire soucieux de ses intérêts fera appeler le vétérinaire tout en ignorant la nature et la gravité de la maladie.

CHARBON

On désigne ainsi une maladie contagieuse presque toujours mortelle qui se montre sur les animaux d'espèce bovine, chevaline et ovine.

Comment se manifeste cette maladie ?

Comme elle est plus fréquente, en Algérie, chez les bœufs que chez les autres espèces domestiques, nous allons prendre pour type le charbon du bœuf.

En général, le mal débute par une boiterie qui va en augmentant. En examinant avec soin le membre boiteux, on ne tarde pas à constater l'existence d'une tumeur qui a son siége sous la peau et dans les régions supérieures des jambes.

Quels sont les caractères de la tumeur charbonneuse ?

Elle est plus froide que le reste du corps ; en la touchant on sent comme un crépitement, on dirait qu'on a introduit de l'air sous la peau dans la région malade. Dès que la tumeur apparaît, l'animal perd l'appétit, est triste, tient la tête basse, se couche, se relève. La tumeur va toujours en augmentant, finit par envahir presque tout le corps ; la respiration devient rapide et pénible et l'animal meurt comme asphyxié en général au bout de 48 heures. Quand la tumeur débute loin des membres la boiterie fait défaut.

Le charbon se montre-t-il toujours ainsi ?

Non; quelquefois on ne voit pas de tumeur à l'extérieur du corps; l'animal atteint devient triste tout à coup, des tremblements s'observent dans les muscles des membres, la respiration s'accélère, devient pénible, les yeux sont hagards, la physionomie exprime une vive souffrance; la langue, les lèvres deviennent violacées, l'animal tombe comme foudroyé et meurt quelquefois en moins de deux heures, le plus souvent au bout de dix-huit heures.

Comment distingue-t-on le charbon ?

En charbon avec tumeur et en fièvre charbonneuse.

Quelles sont les précautions à prendre et le traitement à suivre ?

Quand le charbon règne dans une contrée, on doit surveiller attentivement les bêtes à leur retour des champs. Si on observe un animal boiteux ou simplement triste et sans appétit, on s'empressera de l'isoler et de faire appeler un vétérinaire. A défaut de ce dernier, on fera sur la tumeur des frictions vigoureuses avec un mélange à portions égales d'alcali et d'huile d'olive, et à l'intérieur on administrera une infusion de feuilles d'eucalyptus dans un litre de vin que l'on additionnera de 12 grammes de phénol Bobœuf. On peut administrer trois fois cette dose dans les vingt-quatre heures.

N'y a-t-il pas un moyen sûr d'être fixé sur l'existence du charbon ?

Oui; dans le doute, on prend quelques gouttes de sang de l'animal malade et on le fait examiner avec le microscope. Cet examen permet d'être fixé immédiatement.

Que contient le sang des animaux charbonneux?

Des petits animaux ayant la forme de petits bâtons qu'on appelle bactéridies.

Y a-t-il en pareil cas des formalités à remplir?

Oui; il faut faire la déclaration comme nous l'avons indiqué au sujet de la morve.

RAGE

Qu'est-ce que la rage?

C'est une terrible maladie, contagieuse et incurable, que l'on observe surtout sur le chien, qui la transmet par contagion aux autres animaux et à l'homme.

Est-il essentiel de connaître les signes de la rage du chien?

Oui, c'est très-important, car c'est parce que l'on se fait une idée très-fausse de ces signes qu'il arrive fréquemment des accidents.

Quels sont ces signes?

Au début, le chien est inquiet, triste, change fréquemment de place, *n'est bien nulle part*, se place devant son maître en appuyant sa tête sur ses genoux. *Il est plus caressant que de coutume :* le mal profond qui le mine, et dont il ne se rend pas compte, le rend avide d'affection. Un regard compatissant de son maître est un soulagement à ses angoisses. De 20 à 30 heures après le début, l'anxiété devient plus vive, le regard prend une expression particulière, difficile à rendre, mais que l'on n'oublie jamais lorsqu'on l'a bien observée une fois. A ce moment, le malade recherche l'obscurité; son affection pour son maître et les habitués de la maison persiste; il a comme des rêves (hallucinations); il cherche à saisir en l'air un objet imaginaire; l'appétit, qui avait notablement diminué dès le début, est presque nul; l'animal s'éloigne avec aversion de l'eau qu'on lui présente, mais ce symptôme n'est pas constant; parfois, au contraire, le malade plonge sa gueule dans l'eau avec avidité, et ne s'éloigne du liquide que lorsqu'il a essayé en vain de le déglutir. La contraction de la gorge est très-sensible et s'accuse par l'écoulement de la salive, par les commissures des lèvres ; souvent alors l'animal tient la gueule entr'ouverte : *on dirait qu'il a un os dans le gosier*. Malheur au propriétaire imprudent qui cherche à l'extraire : involontairement le chien peut serrer les mâchoires et lui mordre la main.

L'aboiement du chien enragé est caractéristique et s'accuse par un changement de timbre difficile à décrire, mais dont les personnes mêmes qui ignorent l'existence de la maladie sont péniblement impressionnées. C'est du 2e au 3e jour que des troubles nerveux surviennent; le malade alors est dominé par une idée fixe : il veut fuir la maison du maitre ; il a comme un vague pressentiment que, sous l'influence du mal terrible qui le mine, il pourrait s'oublier au point de mordre son maitre ou les êtres qui lui sont chers. S'il parvient à s'évader, il marche droit devant lui, la queue serrée entre les jambes; il ne dévie de la ligne droite que pour satisfaire le besoin impérieux de mordre qu'il éprouve.

C'est surtout les animaux de son espèce qui excitent sa fureur; il faut que l'homme se trouve placé droit devant lui ou qu'il le menace, pour que le chien devienne agressif. Après cette pérégrination, dont la durée varie mais n'excède jamais de 10 à 16 heures, le chien rentre à la maison; c'est alors qu'il est dangereux, parce que, lorsque les crises nerveuses le prennent, il est hors de lui et ne connait plus personne. La mort vient bientôt heureusement mettre un terme à ces horribles souffrances; elle est le résultat d'une *paralysie générale* qui débute par un affaiblissement marqué du train postérieur.

La rage n'affecte-t-elle pas une autre forme ?

Oui; en dehors de la rage ordinaire que nous venons de décrire, il y a la rage *mue*.

A quoi la reconnait-on?

Elle diffère de la précédente en ce que le chien n'aboie pas, ne cherche pas à mordre. Dans cette forme de la rage, la paralysie se montre dès le début de la maladie.

Lorsqu'un homme ou un animal viennent à être mordus par un chien enragé, que faut-il faire?

Il faut avoir recours immédiatement à la cautérisation.

Qu'appele-t-on période d'incubation de la rage?

C'est le temps qui s'écoule entre la morsure suivie d'inoculation et l'apparition des premiers symptômes.

Quelle est sa durée?

Habituellement de 30 à 50 jours, quelquefois de 3 mois et plus.

FIÈVRE APHTHEUSE

On appelle ainsi une maladie qui affecte les animaux de l'espèce bovine, ovine et porcine, et, par exception, le cheval et l'homme.

A quelle époque s'est-elle montrée en Algérie?

On l'a observée en 1867 et en 1871, dans le département d'Oran.

Quels sont les symptômes de la fièvre aphtheuse chez le bœuf?

Au début, il y a un peu de fièvre se traduisant par une diminution notable de l'appétit. De 18 à 20 heures après le début, l'animal *bave* abondamment. Si alors on examine la langue et les gencives, on voit ces régions être le siége d'une éruption de petites ampoules qui ne tardent pas à crever pour laisser échapper un liquide légèrement sanguinolent. Si les ampoules sont confluentes, c'est-à-dire très-nombreuses et très-rapprochées sur la langue, et qu'on saisisse cet organe avec la main, la peau qui le recouvre s'enlève comme un gant.

Les ampoules ne se montrent-elles que dans la bouche?

Elles se montrent aussi sur le bourrelet, entre les deux onglons; alors le bœuf boite et marche avec difficulté. Dans ce cas, les ampoules peuvent provoquer le décollement et la chute de l'ongle, ce qui est une complication très-grave.

Les symptômes que nous venons de décrire se rapportent-ils aux autres animaux?

Oui; la chute de l'ongle est plus fréquente chez le porc, à cause du manque de propreté des porcheries.

La fièvre aphtheuse est-elle une maladie grave?

Non, c'est une maladie peu grave qui se guérit d'elle-même en 10 à 12 jours.

Occasionne-t-elle des pertes?

Oui.

Expliquez comment et citez des exemples.

Comme la cocotte, quand elle règne dans une localité, atteint tous les animaux ou presque tous, elle peut occasionner des pertes considérables. Par exemple, si on a des bœufs à livrer au boucher au mois de décembre ou de janvier, époque où la viande grasse est rare et se paie bien, et que la cocotte vienne tout-à-coup à se déclarer, l'opération que l'on avait en vue est manquée : les animaux maigrissent par suite de la maladie, et l'on est obligé de les garder jusqu'au printemps, en les livrant à un prix bien inférieur à celui que l'on aurait eu en janvier.

Citez un autre exemple.

En tarissant la sécrétion du lait chez les vaches laitières, la cocotte peut occasionner des pertes sérieuses et mettre le laitier dans le plus grand embarras, surtout s'il a des marchés passés à forfait. C'est ce qui est arrivé à Oran, en 1871, dans la magnifique laiterie de M. de L.

Quel est le traitement de la cocotte?

Il est des plus simples et consiste à donner aux malades des boissons rafraîchissantes (tisane de graines de lin) et à tenir les écuries très-proprement, pour que les ampoules des onglons ne soient pas en contact avec le fumier.

N'est-il pas utile de badigeonner la bouche avec de l'eau vinaigrée?

Non; car on s'expose à enlever la peau de la langue, ce qui aggrave le mal et retarde la guérison de la maladie.

GOURME

On appelle ainsi une maladie contagieuse qui affecte les jeunes poulains.

Cette maladie est-elle fréquente en Algérie?

Cette maladie s'observe plus rarement sur le; chevaux arabes que sur ceux de races exotiquess quand elle se manifeste, elle affecte en général un caractère bénin, parfois elle passe presque inaperçue.

A quoi reconnaît-on la gourme?

Le poulain chez lequel la maladie débute est plus triste que d'habitude; il tousse, il avale avec difficulté les aliments et les boissons, souvent l'eau qu'il avale lui sort par le nez; au bout de deux ou trois jours, il jette du nez une matière d'abord glaireuse, verdâtre, qui va en s'épaississant jusqu'à prendre la consistance de la crême. Vers le sixième jour, des grosseurs (*abcès*) se forment sous la gorge, entre les ganaches, si elles sont volumineuses, elles gênent la respiration et le poulain *ronfle*.

Quel est le traitement à suivre?

Il faut, dès le début, tenir les poulains bien chaudement, leur donner des boissons tièdes, leur faire respirer des vapeurs d'eau de mauve (*fumigations*). Si le mal augmente et que des abcès se forment, on appellera le vétérinaire.

Quelles précautions doit-on prendre?

Puisque la maladie est contagieuse, on séparera l'animal malade d'avec les autres.

GALE

Qu'est-ce que la gale?

C'est une maladie de la peau qui affecte les chevaux, les bœufs et les moutons et qui est produite par un petit animal à peine visible à l'œil nu (acarus), qui se multiplie à l'infini et provoque, en se creusant des petites galeries dans l'épaisseur de la peau, une vive démangeaison.

Est-ce une maladie bien grave?

Oui; car elle se transmet d'un animal à l'autre par l'intermédiaire de l'acare.

Quels sont ses effets?

Les animaux qui en sont atteints se grattent constamment, perdent leurs poils ou leur lainage; si la maladie augmente, la multitude infinie des petites bêtes qui se nourrissent à leurs dépens finit par amener la maigreur, puis un appauvrissement du sang extrême, et ensuite leur mort.

Que faire en pareil cas?

Quand on voit un animal se gratter outre mesure et qu'on voit son corps se dépiler par plaques, on doit l'isoler. Il faut ensuite râcler avec un couteau sur une feuille de papier blanc les petites croûtes qui se trouvent sur les parties dénudées et les examiner avec une loupe: on distingue alors les petits acares. Quand on est ainsi fixé sur la nature de la maladie, on fait dissoudre 250 grammes de sulfure de potasse dans dix litres d'eau (s'il s'agit d'un cheval ou d'un bœuf), et, après avoir préalablement fait un lavage général avec du savon noir, on frictionne vigoureusement le corps, surtout aux endroits les plus atteints, avec un chiffon imbibé de la solution.

N'y a-t-il pas d'autres moyens?

Celui qui vient d'être indiqué est économique et efficace. On peut toutefois le remplacer par une décoction concentrée de feuilles ou de côtes de tabac, ou bien par un mélange à parties égales d'huile d'olive et d'huile de pétrole.

Comment traite-t-on la gale du mouton?

Si la gale atteint, dans un troupeau de moutons, un grand nombre de sujets, on consultera le vétérinaire qui indiquera, suivant la gravité du mal, la composition d'un bain où les malades seront journellement plongés à tour de rôle.

La gale est-elle contagieuse?

Oui; aussi le propriétaire d'animaux galeux est tenu d'en faire la déclaration au maire de sa commune, ainsi que nous l'avons indiqué précédemment.

CLAVELÉE DU MOUTON

Quelle est cette maladie?

C'est la petite vérole du mouton; elle est contagieuse.

A quoi la reconnaît-on?

A des petits boutons à pustule qui se montrent sur tout le corps et de préférence sur les régions dépourvues de laine.

Quel est le traitement à suivre?

En Algérie, cette maladie est rare et en général très-bénigne. En France, elle cause souvent de grands ravages. On doit, si elle se déclare sur un troupeau, consulter un vétérinaire.

Police sanitaire vétérinaire

Quelles sont les formalités à remplir par un propriétaire d'un ou de plusieurs animaux atteints ou suspects de maladies contagieuses?

Il doit en faire immédiatement *la déclaration* au maire de sa commune.

Que fait le maire en pareil cas?

Il écrit au préfet, qui délègue un vétérinaire pour constater la nature de la maladie. Celui-ci propose au premier magistrat du département les mesures de précaution propres à empêcher la propagation de la maladie. Ces mesures sont ensuite prescrites par un arrêté préfectoral.

Si un propriétaire ne faisait pas la déclaration, qu'arriverait-il?

Il serait passible de la police correctionnelle et pourrait être condamné à une forte amende et à la prison. *(Art. 459 du code pénal.)*

Maladies ou vices rédhibitoires

Qu'appelle-t-on maladies rédhibitoires?

Ce sont celles qui, dans les ventes ou échanges d'animaux domestiques, donnent lieu à une garantie de la part du vendeur.

Qu'est-ce que la garantie?

C'est l'engagement par lequel une personne répond: 1° de la possession paisible de la chose vendue; 2° des défauts cachés de cette chose ou des *vices rédhibitoires*.

Qu'entend-on par action rédhibitoire?

Intenter une action rédhibitoire, c'est mettre, par les moyens légaux, le vendeur en demeure de reprendre la chose vendue et d'en restituer le prix.

Quelle est la loi qui s'occupe des vices rédhibitoires?

C'est la loi du 20 mai 1838.

Quels sont les vices rédhibitoires déterminés par cette loi?

Ce sont :

Espèce chevaline :

La fluxion périodique des yeux,
L'épilepsie ou mal caduc;
La morve;
Le farcin;
Les maladies anciennes de poitrine ou vieille courbature;
L'immobilité;
La pousse;
Le cornage chronique;
Le tic sans usure de dents;
Les hernies inguinales intermittentes;
La boiterie intermittente pour cause de vieux mal.

Espèce bovine :

La phthisie pulmonaire ou pommelière;
L'épilepsie ou mal caduc;
Les suites de la non délivrance après le port chez le vendeur;
Le renversement du vagin ou de l'utérus, après le port chez le vendeur.

Espèce ovine :

La clavelée.
Le sang de rate.

Pour ces deux maladies, la rédhibition n'aura lieu que si le troupeau porte la marque du vendeur.

Quel est le délai pour intenter l'action rédhibitoire?

Il est, non compris le jour de la livraison, de 30 jours pour les cas de fluxion périodique des yeux et d'épilepsie ou mal caduc, et de 9 jours pour tous les autres cas.

Que doit-on faire si l'animal que l'on vient d'acheter est atteint d'un vice rédhibitoire ?

On doit adresser une requête au juge de paix de l'endroit où se trouve l'animal pour provoquer la nomination d'un ou deux experts.

Quelles sont les autres formalités préliminaires à remplir ?

Lorsque le juge de paix a nommé l'expert ou les experts, on doit faire immédiatement enregistrer l'*ordonnance*, qui se rend ordinairement au verso ou au bas de la requête.

Que doit-on faire ensuite ?

Ces premières formalités remplies, on doit consulter un homme de loi.

MODÈLE D'UNE REQUÊTE

« *A Monsieur le juge de paix du canton d'Oran.*

» Monsieur le Juge,

» *J'ai l'honneur de vous exposer que, le dix août mil huit cent soixante-dix-huit, j'ai acheté du sieur Pierre, marchand de chevaux à Oran, pour la somme de trois cents francs, payée comptant, un cheval arabe, entier, gris de fer, âgé de neuf ans, taille de 1 m. 47 centim. Ce cheval ayant des symptômes de la maladie rédhibitoire désignée sous le nom de ...., je vous prie de nommer un expert vétérinaire à l'effet de constater si le dit animal est réellement atteint de la maladie rédhibitoire sus-dénommée.*

» *J'ai l'honneur d'être, etc.*

P. Bremond,

Vétérinaire.

CALENDRIER AGRICOLE

SPÉCIAL A L'ALGÉRIE

Mois d'octobre

Le 1er octobre commence l'année agricole.

C'est l'époque des premiers travaux agricoles.

La campagne reverdit.

On récolte le sorgho à sucre, le coton, les olives, le tabac, les derniers coings et les dernières figues, les jujubes, les asperges, les raisins de treille.

Dans les potagers, on trouve tomates, aubergines, piments, melons, salades, etc.

On presse les labours, on sème seigle, avoine, vesces d'hiver, trèfle incarnat, betteraves.

On sème de la tuzelle de France.

On sème tous les légumes d'hiver.

On fait des trous pour les plantations d'arbres.

On creuse des fossés pour la vigne.

L'herbe nouvelle est peu nutritive.

Mois de Novembre

La température baisse sensiblement.

Les pluies fréquentes facilitent la continuation des labours, les vents d'hiver reparaissent, la neige fait son apparition sur les plus hautes montagnes.

Sont en fleurs, les lilas, le dahlia, l'iris, le chrysanthème, les petits pois ; il y a des pommes de terre.

Les plantes de jardin fleurissent en nombre.

Les citronniers, les arbousiers présentent fleurs et fruits.

Continuation de la récolte du coton.

On récolte les arbouses dont on fait une liqueur fermentée qui a beaucoup de force; on en fait aussi de l'eau-de-vie.

On tire l'huile à brûler de la graine de lentisque.

Récolte des pommes de terre plantées en juillet.

Le potager fournit beaucoup de légumes.

Il y a du champignon en quantité.

Les choux-fleurs surtout sont communs, leurs feuilles sont excellentes pour la nourriture des bestiaux.

On continue à semer blé, avoine, orge, seigle, pois, fèves et on plante du tabac.

On fume les oliviers.

On débarrasse les arbres fruitiers de leur bois mort.

On sème les jardins d'agrément.

On fait des boutures de rosiers.

Mois de Décembre

La température est très-basse, le soleil se montre très-rarement et presque forcé.

L'herbe abonde partout.

Repos des arbres comme végétation.

La vigne n'a plus de feuilles.

Quelques oranges sont mûres; on récolte les dernières olives.

Il y a encore quelques melons.

Exportation en France des petits pois ainsi que des artichauts.

Récolte des pommes de terre plantées en août.

Navets de toutes espèces.

On coupe en vert choux, avoine, colza, choux-cavaliers, betteraves, navettes etc.

On termine vite les semailles de blé.

Herser les fèves ayant atteint 0m15 de hauteur.

On repique les choux-cabus, cavaliers.

Activer les plantations d'arbres.

On commence à tailler la vigne

Sarclage des aspergeries.

Mois de Janvier

On récolte les bananes, les fraises, les champignons, les artichauts ; le cresson est très-abondant ; la récolte des pommes de terre plantées en septembre a lieu à cette époque.

On sème quelquefois du blé, quand la saison est pluvieuse, des pois, des vesces, souvent de l'avoine et de l'orge, on herse les fèves, on les roule ainsi que les blés, orge et on plante échalotte, ail, artichaut, etc.

On sème pommes d'amour, choux cœur-de-bœuf hâtifs, cavaliers, choux-fleurs, salade, betteraves, carottes, navets.

On taille et fume les aspergeries.

On finit les plantations d'arbres.

On nettoie les vignes pour détruire l'altise.

On utilise les cours d'eau.

On greffe les arbres, on laboure les terres pour les semailles de printemps, ce qui nuit aux insectes.

Mois de Février

C'est le mois de floraison des arbres tels que : abricotiers, amandiers, etc., des fèves, du lin, de l'asphodèle, de la bourrache, du rosier bengale.

On récolte oranges, citrons, bergamottes, petits pois, choux, oseille, salade, cerfeuil, cresson (etc.) trèfle et luzerne sont dans la force de la végétation, vaches et chèvres fournissent du lait en abondance, ponte des canards et des oies.

On sème carrottes et petits pois en champ pour du vert.

Moment de créer des aspergeries.

On taille la vigne et on lui donne le premier labour.

On la plante à cette époque.

On butte les fèves.

Mi-février on greffe en fente pommiers, poiriers, pêchers, etc.

On greffe en écusson rosiers, amandiers, abricotiers et on taille les oliviers et les mûriers.

Boutures des peupliers et des saules.

On sème toutes sortes de fleurs hâtives, dahlias, reines-marguerites, pavots, giroflées, etc.

Empêcher les animaux de pénétrer dans les prairies.

Mois de Mars

La température commence à s'élever un peu.

Sont en fleurs, pommiers, poiriers, orangers, rosiers ; abricots se forment.

On récolte des légumes de toutes sortes.

On récolte des oranges, citrons, fraises, limons.

On coupe les pois et les vesces en vert.

Les abeilles commencent à essaimer et les vers à soie éclosent.

On fait dernière plantation de pommes de terre.

On peut semer petits pois et fourrage.

On sème sarrazin, betteraves.

On plante melons, courges, pastèques, haricots de couleurs, maïs, patates.

On roule les terres ensemencées de céréales.

On bine les petits pois, on herse les pommes de terre à leur sortie.

Employer des fumiers bien consommés.

On repique le tabac.

On nettoie les ruches d'abeilles.

Mois d'Avril

Les pluies deviennent rares, les vents de l'Est remplacent ceux de l'Ouest.

Les céréales sont en pleine végétation, l'année sera bonne si les pluies sont abondantes dans ce mois.

Les choux à vaches donnent d'excellent vert.

On coupe en vert seigle, pois.

On récolte petits pois, haricots verts, asperges, etc.,

Les pintades commencent à pondre.

On plante le coton.

On repique les choux.

On sème les melons.

On sème les courges, pastèques, millet, aubergines, etc.

On sème des pépins d'oranges, citrons, cédrats.

On sarcle et bine le tabac.

C'est le moment de repiquer toutes espèces de fleurs et de légumes.

On bine les pommes de terre, les maïs.

On ébourgeonne la vigne, c'est le moment de détruire l'altise.

On sarcle les pépinières.

On greffe l'olivier.

On herse les avoines qui n'ont pas reçu de hersage de mars ; c'est un cas rare.

On sarcle les céréales.

On engraisse les porcs.

Les grandes chaleurs approchent, on rentre les troupeaux dans les étables.

Mois de Mai

Les jardins sont en fleurs.

Les fruits se forment sur les arbres.

On récolte guignes, cerises, mûres, fraises.

On récolte haricots verts, radis roses, oignons, etc.

Les choux pour les bestiaux abondent.

On commence la fauchaison des foins.

On repique quelques légumes.

On donne la seconde façon aux vignes très-superficiellement.

On butte les pommes de terre avec les buttoirs à double oreille ou à deux versoirs.

On sarcle et bine les betteraves.

On butte maïs et sorgho, on serre la terre aux pieds des plantes.

On récolte des mûres.

Mois de Juin

La température commence à devenir très-élevée.

La rosée des nuits est abondante.

Les jardins d'agrément sont en fleurs.

Les jardins potagers fournissent leurs plus beaux légumes.

On récolte le sarrazin.

On coupe l'orge, l'avoine, les lentilles.

On recueille le millet.

Moisson des blés vers la fin du mois, ainsi que des autres céréales, vers le commencement de juin.

On recueille les grains de radis, de raves, de navets, de persil, de betteraves, etc.

Le millet, le maïs peuvent être coupés en herbe pour fourrage.

On peut recueillir les prunes, abricots, citrons.

On arrose les arbres nouvellement plantés.

On greffe les oliviers.

On butte le millet, le sorgho.

On donne une culture au coton.

On irrigue, si on le peut, les luzernes que l'on a coupées, de même que le sorgho qui a été coupé pour fourrage (à la fin du mois).

Mois de Juillet

Température très-élevée.

Le vent du sud domine.

Le maïs commence à mûrir.

Les grenades et les olives nouent.

On récolte des poires.

Les jardins fournissent les oignons, les poireaux, les betteraves, les carottes.

Les melons commencent à mûrir.

On peut donner, avec beaucoup de ménagement, des feuilles de figuier de barbarie (cactus), aux bestiaux.

Vers le 15, toutes les céréales, les pois, les vesces, les lentilles, sont récoltées partout.

On arrache les pommes de terre.

Première récolte du tabac, la cochenille.

On dépique les récoltes de céréales.

Le plâtre détruit les pucerons qui sont sur les plantes des jardins.

On arrose les fumiers, on les recouvre de lentisque, de fougère, etc.

Mois d'Août

C'est le mois des plus fortes chaleurs, le vent du sud, ou *sirroco*, souffle très-souvent.

Les choux milans, frisés, cavaliers, choux-fleurs résistent à la chaleur.

L'amandier et les cerisiers jaunissent.

Les abricotiers, pommiers, poiriers, sont encore verts.

Les raisins, pommes, pèches, brugnons, figues de barbarie ; les bananes, les betteraves sont en màturité.

Vers la fin du mois on récolte les pois chiches et le coton courte-soie.

Les Arabes mettent leurs grains en silos.

On plante les cactus ou figuiers de Barbarie.

On émonde les mûriers.

On fait sa provision de bois pour l'hiver.

On prépare les instruments aratoires pour la prochaine semaille.

Ce mois est celui de la chasse.

Mois de Septembre

Les chaleurs diminuent d'intensité, les rosées sont abondantes.

Aux premières pluies la végétation se réveille.

Les jardins sont toujours fournis de légumes, excepté de petits pois que l'on peut commencer à semer.

On vendange du 25 août au 5 septembre.

Récolte complète de figues de Barbarie.

On récolte le coton et le sorgho en grains, échalottes, courges, aubergines, patates, concombres, cornichons, coings, poivre, pommes, pèches, grenades, etc., sont mûrs.

On plante des pommes de terre.

On commence à refaire les jardiñs potagers.

Les irriguer toujours le soir.

On prépare les terres pour les semailles.

FIN DU CALENDRIER AGRICOLE

TABLE DES MATIÈRES

NEUVIÈME PARTIE

DIXIÈME PARTIE

ONZIÈME PARTIE

DOUZIÈME PARTIE

TREIZIÈME PARTIE

QUATORZIÈME PARTIE

QUINZIÈME PARTIE

FIN DE LA TABLE DES MATIÈRES

TRAVAUX DU MÊME AUTEUR

CARTE GÉOGRAPHIQUE EN RELIEF

présentant un continent conventionnel et destiné à rendre intelligible aux élèves des écoles les différents termes de géographie physique élémentaire, tels que mers, fleuves, bassins, etc.

Sera publiée après l'Exposition universelle de Paris.

NUMÉRATEUR ANTOINE

Exposition d'Alger de 1876, Médaille d'argent de 1re classe.
Exposition d'Oran de 1877, Médaille d'argent.

PRIX : **38** FRANCS

En vente chez les libraires d'Oran.

www.ingramcontent.com/pod-product-compliance
Lightning Source LLC
LaVergne TN
LVHW050416160826
845677LV00002BA/403

9782329769806